Indicadores de gestión
y
cuadro de mando

AMADO SALGUEIRO

Indicadores de gestión y cuadro de mando

DIAZ DE SANTOS

Ediciones Díaz de Santos, S. A.
Juan Bravo, 3-A. 28006 MADRID
ESPAÑA

www.diazdesantos.es
E-mail: ediciones@diazdesantos.es

ISBN: 84-7978-492-X
Depósito Legal: SE-1330-2005

Diseño de cubierta: Ángel Calvete
Fotocomposición: Opción K Comunicación Visual, S. L.
Impresión: Publidisa

A mis padres, que me han educado
de la mejor manera posible:
con el afecto y el ejemplo.

A mi hermana,
que tanto me ha apoyado siempre.

Índice

Índice de figuras y gráficos

Presentación

Este libro está basado en uno de los aspectos administrativos más actuales en los últimos años: La necesidad de establecer mediciones y controles en algunos aspectos significativos de la empresa o del área en cuestión si queremos conocer bien el funcionamiento o la marcha de la misma. Todas las nuevas teorías administrativas tan en boga aluden a los necesarios indicadores que, correctamente interpretados, nos van a señalar la dirección a seguir.

Si se quiere aumentar la calidad de los productos o servicios que se suministran a nuestros consumidores, o de todas las acciones de los miembros de la organización, es preciso medir determinados aspectos para intentar mejorarlos, pues sólo se puede mejorar aquello que se puede medir.

Pero, sin embargo, parece que no está todavía muy claro qué aspectos deben medirse y representan el "cuadro de mando" o el "tablero de a bordo" de una compañía. Unas empresas utilizan unos y otras organizaciones otros, y todas buscan excelentes resultados que las diferencien, mejorándolos, de la competencia.

En este libro se resumen y comentan algunas de las principales mediciones sugeridas por los gurúes actuales de la administración.

En los dos primeros capítulos vienen algunas generalidades sobre indicadores, ratios, etc., dedicando el capítulo 3 a reflejar distintos ejemplos de ellos, todos los cuales se utilizan en la actualidad por empresas de distintos sectores.

El capítulo 4 está dedicado a algunas ideas de Peter Drucker y James Harrington, junto con un "manifiesto sobre la medida del rendimiento", de Eccles; acabando con la rentabilidad de gestión, de Simons Y Dávila.

El capítulo 5 está dedicado todo él a "el cuadro de mando Integral", de Kaplan y Norton, una de las teorías más de moda y, obviamente, muy utilizada.

En el capítulo 6 se habla de la "pirámide de los resultados", propuesta por LINCH y CROSS.

Hablamos de la "cadena de valor", de Michael Porter en el capítulo 7 y también de lo que nos dice Price Watherhouse al respecto, y de la relación del "modelo europeo para la excelencia" de la E.F.Q.M. con el Cuadro de Mando Integral (CMI).

Leif Edvinsson y Michael Malone escribieron un libro en 1997 titulado "El capital intelectual", en el que intentaban identificar y medir el valor de los recursos intangibles de la empresa y para eso utilizaron una serie de indicadores, algunos de los cuales vienen reflejados en el capítulo 8.

Por último, en el capítulo 9, se explica detalladamente una fácil metodología propuesta por la Universidad de Oregón (EEUU) para medir el desempeño de una compañía o de un área de la misma, basada en mediciones.

1

Indicadores de medida del rendimiento. Generalidades

Indicadores de medida del rendimiento

¿Nos hemos fijado en que el ser humano mide casi todo lo que puede?

Desde que nacemos, ya están midiéndonos y pesándonos. Cuando viajamos en coche, medimos las distancias en metros y kilómetros, y tambien el tiempo que hemos tardado en realizar el viaje. Medimos nuestra vida en años, meses, días, etc. Medimos nuestra salud mediante indicadores (nivel de colesterol, nivel de ácido úrico, temperatura, número de cigarrillos fumados al día, presión arterial, etc.); cuando compramos alimentos, también nos los miden en kilos o libras, e incluso en la universidad somos evaluados constantemente por nuestros profesores.

Podríamos seguir, pero está claro que... *¡las mediciones están dentro de nuestra forma de vida!*

Por otra parte, en 1982, en los Estados Unidos, en un seminario de entrenamiento directivo hicieron la siguiente prueba. Pidieron dos personas voluntarias a las que rogaron que jugaran a los dardos, cada una enfrente de una diana de corcho, como las habituales en todo el mundo; pero, y aquí viene lo interesante, a una de ellas le vendaron los ojos para jugar y a la otra no.

¿Cuál fue el resultado? Pues, no en esa partida sino en la totalidad de ellas, el vencedor fue el participante que "veía" dónde tiraba sus dardos o, dicho de otro modo, que medía y controlaba su actuación.

Éste es el punto al que quiero llegar: *"Sólo se puede mejorar aquello que se puede medir"*. Nuestro participante del seminario observaba si su dardo se desviaba hacia abajo o hacia la derecha, por ejemplo, y esta retroalimentación le permitía corregir el lanzamiento desde su próxima jugada, mejorando así su desempeño. Sin embargo, en el mundo de la empresa son pocos los ejecutivos y empleados que miden los resultados que obtienen y, de esta forma, mejorar en su trabajo. A lo sumo, los directores generales miden los beneficios, crecimiento, gastos o facturación de sus empresas, pero... ¿y los ejecutivos en general: jefes, subdirectores, mandos, etc. de las mismas? ¿No es verdad que encuentran serios problemas —la mayoría ni lo intentan— para encontrar criterios o patrones de medida de su actuación?

El autor de estas líneas, durante la celebración de un taller, solicitó a los veintisiete o veintiocho participantes que "levantaran la mano todos aquéllos que midieran los resultados de su trabajo". ¿Saben cuántos levantaron la mano? Ninguno. Es decir, nadie medía sus resultados cuando trabajaba. Ante mi cierta sorpresa y decepción, lo reconozco, les dije que "alzaran la mano todos aquéllos que cometieran errores en su trabajo". Todos lo hicieron, pues todos cometían errores alguna vez; nadie era perfecto. Entonces les pregunté... ¿no pueden medir ustedes el número de errores que cometen? Porque, ahí tienen un indicador significativo. Si en una operación de trabajo cometen cinco errores al mes, ¿no sería bueno para la empresa y para ustedes mismos el que cometieran dos o uno solamente? Pero para eso hay que medirlos previamente, porque sólo se puede mejorar aquello que se puede medir.

Hasta tal punto esto es así que, en 1987, la Comisión de Productividad Industrial del MIT (Instituto de Tecnología de Massachusetts), después de examinar ocho sectores de producción, algunos modernos, como los referentes a ordenadores, semiconductores y fotocopiadoras, y otros antiguos, como textiles, acero y automóviles, recomendó que los sectores industriales creasen técnicas idóneas para "medir" y aumentar la eficacia de los sectores de producción.

Poco después, la Universidad de Harvard organizó en 1989 un coloquio que trató sobre la "medida del comportamiento en la fabricación", surgiendo como una de las conclusiones la conveniencia de "crear un marco para la medida de las actuaciones empresariales, el cual debe incluir unos indicadores centrados en el cliente y sus expectativas".

Pero no sólo en los Estados Unidos están preocupados por encontrar patrones o indicadores de medida eficaces. Linch y Cross, en su libro de éxito "*Measure up! Yardsticks for continuous Improvement*", dicen que el 46% de los directivos japoneses creen que deben mejorar sus actuales sistemas de medición.

Algunos piensan que esto es nuevo. Realmente, se empezó a poner énfasis en las mediciones en la década de los años 80 y en la década de los 90, debido, en parte, al cuadro de mando integral de Kaplan y Norton; pero, sin embargo, fijémonos en lo que dijo, al respecto, Lord Kelvin a finales del siglo pasado:

> *"Cuando puedes medir aquello de lo que estás hablando*
> *y expresarlo en números, puede decirse que sabes algo*
> *acerca de ello;*
> *pero, cuando no puedes medirlo, cuando no puedes*
> *expresarlo en números, tu conocimiento es muy deficiente*
> *y poco satisfactorio..."*
>
> LORD KELVIN

Ésta es la situación actual. Mientras tanto, los deportistas, políticos y atletas sí miden —y concienzudamente— sus logros y desempeños para mejorarlos.

¿Hay alguien que no recuerde la imagen del entrenador de natación agachado al borde de la piscina y midiendo el tiempo que tarda su pupilo en nadar 50 ó 100 metros? ¿Y la del empresario de un corredor de coches o motocicletas, en el autódromo y con un reloj en la mano, midiendo también el tiempo que tarda en dar una vuelta al circuito el corredor? En resumen, si partimos de la base de que es casi necesario poder medir los resultados para mejorarlos... ¿por qué motivo los ejecutivos de las empresas no hacen lo mismo que los deportistas y los atletas, midiendo sus operaciones de trabajo? ¿Es que acaso no quieren mejorar?

Y a todo esto, ¿qué opinan los gurúes de la dirección? Pues, por ejemplo, Peter Drucker dice que "pocos factores son tan importantes como la medición para el perfecto funcionamiento de las organizaciones" y reconoce, por otra parte, que la medición es actualmente la parcela más débil dentro del campo de la gestión.

Éstos son algunos comentarios acerca de la necesidad actual de aplicar indicadores de medida o establecer mediciones que nos permitan controlar cualquier resultado en las empresas. Veamos ahora uno de los resultados de una encuesta realizada por "CFO: El Director Financiero" por Price Waterhouse:

> *"El 80% de las principales compañías americanas desean cambiar sus sistemas de medidas del rendimiento"*

Problemas de los enfoques clásicos de medición

Siempre se han medido los resultados que se querían mejorar. En teoría, la información proveniente de la contabilidad debía proporcionar un cuadro de mando que fuera suficiente para controlar la evolución de la compañía, pero no fue así. Aparecieron varios problemas, a los cuales, hasta hace pocos años, no se les ha encontrado solución. Veamos algunos de ellos:

1.° La información que proviene de los enfoques tradicionales de medición se refiere a *datos ya pasados*; en ellos se corre el peligro de que queden obsoletos, y suelen tener una utilidad relativa.

2.° Los indicadores no suelen estar relacionados entre sí y *no suelen tener un enfoque integrador* hacia la empresa en su conjunto.

3.° *No dice nada de los aspectos intangibles.* Esto es, quizás, el principal problema de los enfoques de medición que vienen de la contabilidad. Existen algunos de ellos, intangibles casi todos, que cada vez son más importantes para la buena marcha de la compañía y de los cuales la contabilidad nada dice. Por ejemplo:

— La satisfacción de los clientes.
— El grado de motivación de los directivos y empleados.
— Los índices de retención de los clientes (clientes que recompran).
— La rotación del personal.
— El tiempo respuesta.
— La integración de los empleados.
— La colaboración de los empleados.
— Un ambiente que fomente la creatividad.
— Etc.

Todos estos aspectos —y muchos más— no se nombran siquiera en la información contable y, sin embargo, hay muchos directivos que desean conocerlos, para encontrar sus ventajas comparativas que les separen —mejorándolos— de la competencia. En definitiva, pueden ser importantes, algunos decisivos, para controlar "lo que está pasando" en la empresa.

Resumiendo, puede decirse que cualquier compañía que se encuentre en un mercado competitivo y que quiera tener éxito *debe revisar y actualizar sus indicadores de medida.*

Beneficios de las mediciones correctas

Creo que está claro que la manera más eficaz de mejorar los resultados globales de la empresa y los individuales es midiendo y controlando las cosas correctas. Es la mejor forma de conocer y mejorar la marcha de la empresa; pero, si tuviéramos que especificar los beneficios, éstos serían:

A. Permiten controlar la evolución de la compañía, de un departamento o de algún área en particular.
B. Indican a los jefes y empleados lo que realmente importa. En el proceso de búsqueda de aquellos indicadores que sean importantes para la mejora buscada, los ejecutivos se darán cuenta de lo que les importa a ellos y a su empresa.
C. Se satisfacen mejor las nuevas expectativas de los clientes. Como la selección de los indicadores correctos hay que

hacerla pensando en el cliente, se conoce mejor a éste y, por tanto, se conocerán con mayor fiabilidad sus nuevas expectativas.

D. La retroalimentación directa motiva al trabajador.
Una de las mejores formas de motivar a los empleados es informándoles puntualmente de todas aquellas cosas que deben saber.
En el caso de las mediciones, como ellos mismos son los que miden los aspectos que interesan a la empresa (es lo ideal), estarán más motivados y comprometidos.

E. Los beneficios de una evaluación objetiva del desempeño (se sabe mejor a quién promover, trasladar, etc.; se retribuye a la gente por lo que han conseguido; se conoce a quién formar o capacitar, etc.).

Todos estos son algunos de los beneficios que se obtienen cuando se utiliza un correcto paquete de mediciones; pero no nos olvidemos de que sólo se considerará así cuando las medidas o indicadores sean representativos de la mejora buscada y sean fáciles de encontrar y medir.

Veamos lo que publicaron en la revista Fortune sobre General Motors, tres años después de que anunciaran un nuevo sistema de medida del rendimiento (Figura 1).

	1988 Coches tamaño medio	**1997-98 Coches tamaño medio**
Inversiones	$5,9 miles de millones	$1,6 miles de millones
Tiempo de desarrollo	72 meses	37 meses
Tiempo de montaje/vehículo	39	18,9
Número de componentes	3.200	2.300
Número de plantas	5	3
Número de combinaciones	1.900.000	1.000
Volúmenes por unidad	600.000 al año	700.000 al año

Figura 1. General Motors.

Tipos de indicadores

Una vez que el ejecutivo tiene determinadas y priorizadas sus áreas de resultados clave, "ARC", el paso siguiente es buscar e identificar los factores que nos permitan medir el rendimiento y el desempeño de cada una de ellas. Estos factores se denominan indicadores de medida del rendimiento "IM", y precisamente sobre ellos se establecen los objetivos. Por otra parte, estos IM son los que permiten que los objetivos sean medibles, hasta el punto de que, si no se encuentra un IM, no se podrá establecer un objetivo, porque éste no se podrá medir. Un IM dice lo que se va a medir, pero no nos dice cuánto.

Existen tres tipos de indicadores:

PREINDICADORES:	Son aquéllos que se identifican antes de que ocurran los hechos. Por ejemplo, año de elecciones, tendencias económicas, etc.
INDICADORES CONCURRENTES:	Son aquellos que se establecen también por adelantado, pero que evolucionan mientras transcurre la acción. Por ejemplo, cifra de ventas en unidad de tiempo, producción por día de trabajo, número de retrasos al mes, etc.
INDICADORES TERMINALES:	Sólo pueden realizarse después de terminados los hechos, por lo que tienen menos utilidad. Por ejemplo, fecha de terminación de un proyecto, índice de rotación del personal, número de ascensos, etc.

¿Cuáles son más importantes o se utilizan más?

Es casi obvio que los únicos indicadores que se utilizan en la práctica para medir los resultados son los concurrentes, aunque los preindicadores pueden ser muy útiles en el análisis de la situación de la empresa. Realmente, el ejecutivo experimentado tiene información de los tres tipos, aunque utiliza dicha información para determinar indicadores concurrentes, los cuales, independientemente del establecimiento, o no, de objetivos, son un instrumento administrativo muy eficaz para medir el rendimiento, paso a paso, de cualquier área de la empresa.

Posibles indicadores de medida, "IM"

Veamos algunos de los indicadores más utilizados desglosados en cinco grupos:

Ratios

El denominado "ratio de gestión" es un indicador muy utilizado y lo analizaremos despacio en el capítulo siguiente. De momento, aquí van algunos ejemplos de algunos ratios utilizados:

- Gastos operacionales/Total de activos.
- Costes de distribución/Cifra de ventas.
- Cifra de ventas/Número de empleados.
- Número de clientes satisfechos/Número de clientes totales.
- Cifra de ventas/Activo fijo.
- Etc.

Consumo de recursos

Actualmente, es cada vez mayor la tendencia a medir la eficiencia según la disminución de recursos. Y para eso hay que medir estos últimos. Los recursos consumidos en cualquier operación de trabajo son unos de los indicadores más utilizados. Ya sabemos que si disminuimos los recursos aumentamos la productividad, a igualdad de resultados. Suelen medirse...

- Costos utilizados en cualquier operación de trabajo repetitiva.
- Tiempos utilizados en cualquier operación de trabajo repetitiva.
- Horas/hombre utilizadas en cualquier operación de trabajo repetitiva.

- Número de personas, horas extras, etc.
- Tiempos de implantación, duración de un ciclo, plazos de tiempo, etc.
- Materia prima, materiales usados, etc.
- Desgaste de máquinas (hay que intentar medirlo).
- Uso de máquinas y herramientas.

Los recursos más utilizados y más importantes, por tanto, en cualquier empresa son las personas, el dinero y el tiempo. Alguien ha dicho que los distintos tipos de recursos que se pueden consumir en cualquier compañía vienen dados en la fórmula **6M+T**, siendo M las iniciales en inglés de los distintos tipos de recursos y T el tiempo, de esta forma:

KECURSOS= **6M**

— MAN ⟶ Personal
— MONEY ⟶ Dinero
— MATERIALS ⟶ Materiales
— MACHINES ⟶ Máquinas
— METHODS ⟶ Métodos
— MANAGEMENT ⟶ Administración o dirección

+Tiempo

Y considerando la productividad una relación entre los resultados alcanzados y los recursos utilizados:

$$PRODUCTIVIDAD = \frac{RESULTADOS\ ALCANZADOS}{RECURSOS\ UTILIZADOS}$$

Presupuestos, programas, planes, etc.

Cualquier presupuesto, programa o plan puede ser en sí un indicador, pues bastará comparar los resultados reales con los presupuestados, programados, planificados o previstos, y medir la desviación, positiva o negativa. Los indicadores más frecuentes son:

- Porcentaje de cumplimiento real.
- Porcentaje de desviación.

Varios

- Número de errores.
- Número de desperdicios.
- Número de quejas, número de felicitaciones.
- Número de retrasos, número de adelantos en salir.
- Número de piezas defectuosas.
- Porcentaje de piezas defectuosas.
- Porcentaje de servicios deficientes.
- Especificaciones cumplidas.
- Procedimientos cumplidos.
- Número de reclamaciones.
- Etc.

Para mejorar, hay que saber dónde hay que hacerlo. Por eso, la mayoría de estas mediciones son negativas. Sin embargo, esto último puede traer problemas. El medir aspectos negativos, como errores, defectos, quejas o retrasos, puede interpretarse por algunos como un antecedente para ser castigado. Esto tiene su lógica. Si no... ¿para qué se mide?, piensan los empleados. La gente no se siente demasiado bien cuando se le pide que lleve la cuenta de los errores que comete o de los defectos que produce.

Lo que debe hacerse para evitar este tipo de problemas es explicar que la medición se hace para ayudarles a mejorar y para conocer el desempeño de las personas y de la empresa, en general. Es necesario saber dónde estamos, si vamos para arriba o para abajo, si hay avance o retroceso, y todo esto debemos decírselo a nuestros subalternos o colaboradores; o mejor, dejarles que lo vean ellos, pero, en cualquier caso, debemos explicárselo. En la medida que les "vendamos" bien esta idea evitaremos estos posibles problemas.

Encuestas

Se cuenta que cuando Estados Unidos invadió la isla de Granada, en el Caribe, hubo descontento generalizado entre el pueblo norteamericano. Por ello, los consejeros del Presidente, a la sazón Ronald Reagan, hicieron una encuesta para conocer la situación real de la popularidad de este último, comprobando que había descendido a niveles preocupantes. Entonces, le aconsejaron que se presentara en la TV y explicara los motivos de la invasión a la máxima audiencia posible. Lo hizo así y al día siguiente de su exposición televisiva, se repitió la encuesta en las mismas circunstancias, las mismas ciudades, el mismo tipo de personas, etc. Resultado: un éxito, pues duplicó su aceptación popular.

De la misma forma en que el Presidente norteamericano conoció de inmediato el nivel de seguimiento del pueblo a sus acciones y le sirvió para poder tomar sus decisiones correctivas, igual deben hacer los directivos para conocer algunos intangibles con respecto a su clientela, sus empleados, etc. Se deben hacer encuestas sobre todos los aspectos que no son directamente mensurables, y medir sus resultados.

Resumiendo, las encuestas cada vez se utilizan más para conocer algunos indicadores, como son:

- Número o porcentaje de clientes satisfechos.
- Niveles de credibilidad.
- Niveles de apoyo.
- Etc.

¿Cómo debe o puede ser un indicador?

Un indicador, o una medición, debe tener las características siguientes:

1.ª *Se debe poder identificar fácilmente*

Decimos con esto que la persona que defina el paquete de indicadores que nos va a permitir controlar el rumbo de la empresa ha de encontrarlos fácilmente. O sea, que no encuentre dificultad alguna en medirlos.

2.ª *Sólo se debe medir aquello que es importante*

Ya hemos dicho, e insistimos sobre ello, que los indicadores sólo deben referirse a algo que sea representativo de la mejora buscada.

Si medimos algo que no es significativo de lo que se quiere, nada se encontrará con esta medición.

3.ª *Se debe comprender muy claramente*

Los empleados no comprenden a sus jefes o, al menos, no los comprenden bien. Si partimos de esta base, estará claro que cualquier ejecutivo deberá hacer entender, y comprobar que los subordinados han comprendido bien, qué es lo que se va a medir y por qué.

4.ª *Lo que importa es el "paquete" de indicadores, no alguno en particular*

Un indicador puede ser lo siguiente:

— Número natural:	0,25
— Tanto por ciento:	25%
— Ratio:	25/100
— Tanto por mil:	2,5‰

Como vemos, todos ellos se refieren a la relación 25/100, que puede expresarse de las formas citadas.

Un indicador puede ser un logro importante, un problema a solucionar, un presupuesto o un plan, un programa de trabajo, un resultado de una encuesta, etc. Cuando es el resultado que se debe conseguir, es un estándar (de eficiencia, de desempeño, etc.).

¿Cuántas medidas son las correctas?

Lo que importa es el "paquete" de indicadores, que no debe ser, en ningún caso, grande. En este aspecto, hacemos absolutamente caso a Price Waterhouse, los cuales dijeron en 1977:

> *"Si tiene demasiadas medidas, es como si no tuviera ninguna"*
>
> *"5 ó 6 para cada proceso importante"*
>
> PRICE WATERHOUSE, 1997

2

Indicadores de medida

Cómo buscar indicadores de medida, IM

Las mediciones deben hacerse según la empresa o departamento de que se trate y la orientación del área en cuestión. Por ejemplo:

— Un departamento de finanzas: sus IM pueden ser costes de producción, costes de servicio postventa, desviación sobre lo presupuestado, etc.
— Una empresa enfocada hacia la calidad: satisfacción del cliente, costes de la mala calidad, número de quejas de clientes, etc.
— Una empresa concentrada hacia la productividad: tiempos de ciclos, tiempo respuesta, costo de inventario, etc.

En resumen, lo que se debe buscar es que las mediciones estén determinadas en función de las prioridades de la empresa o área de que se trate.

Por otra parte, existen diversos "grupos de interés" alrededor de una empresa. Cada uno de ellos suele tener prioridades en los aspectos a medir. Veamos algunos:

— Dirección	Valor añadido/empleado
— Empleados	Estabilidad laboral

— Accionistas	Retorno sobre la inversión
— Clientes	Satisfacción del cliente
— Proveedores	Contratos a largo plazo
— Comunidad	Incremento de la base tributaria

Como vemos, todos los aspectos a medir anteriormente citados, o mediciones, están relacionados con el área de que se trata. Esto es lo importante: que todos los indicadores estén referidos al área más influyente de la empresa o departamento.

Consejos y sugerencias para buscar indicadores

1. *¡Busque sólo indicadores que sean representativos y fáciles de medir!*

   Hemos oído varias veces que un ejecutivo debe ser creativo. Ahora es el momento de preguntarnos el por qué. Pues ahora el directivo sí debe serlo para distinguir aquellos indicadores que sean representativos de la mejora buscada, y mediante ellos debe evaluar el desempeño del ejecutivo citado. ¡Ahora sí debe ser creativo!

2. *Consultar a su "cliente interno"*

   El concepto de "cliente interno" se está divulgando cada vez más. Todos sabemos quién es nuestro cliente: aquél a quien suministramos el producto o servicio final de la empresa. La noción de cliente sólo se aplicaba a éste; pero ahora sabemos que cada persona debe ver a aquél a quien entrega su trabajo, y que debe ejecutar la fase siguiente del mismo como, su "cliente interno", y a aquél que ha ejecutado la fase anterior, como su proveedor interno.
   De esta forma, se establece un sistema de transacciones en el que cada persona es, a la vez, cliente y proveedor.
   Si cada persona intenta satisfacer a su "cliente interno" entregándole el trabajo con la máxima eficiencia y prontitud, la beneficiada será la propia empresa. Si nosotros con-

sultamos a nuestros clientes internos sobre cuales aspectos de nuestro trabajo le interesan más, nos dará una información muy válida para elegir nuestros indicadores.

3. *Medir los tiempos de los ciclos y procesos. ¿Vamos a incluir el "tiempo respuesta"?*

   Actualmente, el tiempo es un factor crítico de éxito en todo el mundo occidental... y oriental. El "tiempo respuesta" intenta disminuirse dramáticamente en la mayoría de las empresas de éxito. Stalk y Hout nos lo cuentan en su libro "Compitiendo contra el tiempo".

4. *Pregúntese: ¿Qué resultados espera la empresa de mí? ¿Cómo los puedo medir?*

   ¿Lo hacemos? Hay muchos casos en que la respuesta será negativa... ¡Pregúnteselo a usted mismo!

5. *¡Compárese con la competencia!* (interna y externa)

   Haga *"benchmarking"* y busque indicadores.

6. *Piense en el cliente externo. ¡Déjese guiar por él!*

   Debemos pensar en el cliente externo cuando busquemos indicadores. Nosotros debemos medir aquello que es de interés para éste, aquello que signifique "valor" para el cliente. Nos debemos concentrar en lo que "damos" al cliente mucho más que en lo que "hacemos".

7. *Cree una cultura de medición en su compañía o área de trabajo*

   Al igual que si usted quiere implantar la "calidad total" deberá crear una "cultura de calidad" entre su gente, y que si usted quiere disminuir gastos deberá implantar también una cultura economizadora de recursos en su organización, si usted pretende implantar mediciones tendrá que conseguir previamente que exista una "cultura de medición", pues los trabajadores suelen sentir temor cuando nunca se ha medido su trabajo y, de improviso, se empieza a hacerlo. Lo normal es que digan o piensen...: "¿Por qué me fiscalizan? ¿Lo estaré haciendo mal? ¿Me van a sancionar?" Tiene usted que mentalizar a su gente de que lo que se mide es su trabajo, no a ellos; y de que lo único que se pretende es ayudarles a mejorar, y no vigilarles.

8. *Busque muchos indicadores... y después utilice sólo los que le interesen*

Hemos hablado del número de indicadores que deben utilizarse, que son pocos. Normalmente, cinco o seis, máximo. Pero eso no quiere decir que haya que elegir los primeros que se presenten. Se deben buscar muchos, evaluarlos y después seleccionar los que se vayan a utilizar.

9. *Siempre que sea posible, permita que quien ocupa el puesto defina su indicador*

El motivo es que, si el empleado responde y define su propio indicador, estará mucho más comprometido y motivado a desempeñar su trabajo eficazmente que si el aspecto que debe medir le viene impuesto "desde arriba".

10. *Asegúrese de que se usa efectivamente cada indicador*

Cuando no sea así, se debe eliminar, pues cada medición representa un costo. Debemos recordar que un indicador es un medio, nunca un fin, y que como tal hay que interpretarlo y tomar acciones, si proceden. El único fin es mejorar continuamente.

11. *¡Mida sólo lo que sea significativo!*

También hemos hablado de esto. Sólo se debe medir aquello que sea representativo del éxito buscado. La selección de indicadores, con su evaluación correspondiente es, o puede ser, decisiva.

12. *Seleccione pocos indicadores y revíselos y cámbielos siempre que sea necesario*

    Los indicadores deben revisarse periódicamente. La frecuencia de la revisión es variable, pero, ante la duda, se aconseja que se revisen y actualicen todos los meses del ejercicio. Hay que tener en cuenta que aspectos que son importantes ahora, más tarde ya no lo serán, y no vamos a consumir energía y recursos en algo que ya no es prioritario.

Ratios de gestión

A todos los directivos les gustaría conocer la "situación" real de cualquier departamento de su empresa o de ésta en su conjunto, pero ello, en ocasiones, no resulta demasiado fácil. Sin embargo, para ello existen los denominados "ratios", que son los "resultados de la comparación de dos cifras significativas".

Vamos a hablar un poco sobre ello, basándonos en el excelente libro "Manual para la aplicación de Ratios de Gestión", de Westwick.

Si nos fijamos, en el mundo de los negocios pocas cifras tienen sentido consideradas aisladamente, por lo que hay que compararlas con otras para que adquieran significado. Por ejemplo, si dos empresas tienen 190 millones de beneficios, ¿nos dice algo este dato individualmente? Por supuesto que no; pero, si lo relacionamos con otra variable, el volumen de ventas, por ejemplo, el dato sí que adquiere entonces sentido real. Si la primera empresa consiguió su beneficio con una venta de 1.000 millones, habrá sido más rentable que la segunda, si ésta lo hizo con una venta de 3.000 millones. El "ratio", en este caso, ha sido "beneficios / cifra de ventas", el cual, analizándolo periódicamente, nos representa un indicador de la marcha de la empresa en este aspecto concreto o, lo que es lo mismo, un indicador de medida del rendimiento (IM). Si el gerente busca y utiliza aquellos indicadores o “ratios” que refuercen y complementen el ratio indicado según el área a controlar, dispondrá de un instrumento de gestión muy eficaz.

Los ratios en la práctica

Quizás algún lector esté pensando en este momento que no utiliza o que desconoce la utilidad del ratio. Sinceramente, creo que está en un error. Bastará simplemente con que observe el salpicadero de su automóvil y, dentro de éste, los indicadores de velocidad, presión de aceite y revoluciones del motor. Se dará cuenta de que dan la lectura en forma de ratios, es decir, kilómetros por hora, kilogramos por cm^2 y revoluciones por minuto. No podemos hablar de kilómetros, kilogramos y revoluciones individualmente. Debemos referirnos a otras variables para que nos sean útiles y nos permitan llegar con seguridad a nuestro punto de destino. Pero hay un aspecto importante a destacar. Los ratios nos indican lo que está ocurriendo pero nada más.

Nosotros debemos interpretar y tomar las decisiones en consecuencia. Esto lo sabe muy bien Larry Stifler (América economía, julio-90), fundador y presidente de Health Management Resources (HMR), quien atribuye el exitoso desarrollo de su empresa a su forma de analizar y controlar su compañía.

Cuando Stifler observa su empresa, ve un conjunto de relaciones entre personas, cosas y eventos, y se pregunta siempre: “¿comparado con qué?”. Después, intenta construir sencillos modelos matemáticos que permitan captar relaciones importantes dentro de su compañía y, de esta forma, tiene siempre información útil, actualizada y específica sobre lo que pasa a su alrededor y sobre la cual tomar decisiones. En definitiva, lo que hace Stifler es utilizar “ratios” de gestión de forma eficaz.

Por ejemplo, observó que cada cliente satisfecho le recomendaba a 2,2 clientes nuevos, por lo que consiguiendo el 46% de clientes satisfechos conseguirá un 100% de clientes nuevos (46 x 2,2 = 100). O, visto de otra forma, consiguiendo un nivel de calidad en su servicio que garantice un 46% de clientes satisfechos, obtiene una tasa de crecimiento (conocida y medible) de un 100% de su clientela.

Beneficios

La utilidad de los ratios es clara y ya está expuesta, aunque puede dividirse en tres grupos:

A. *Nos permiten seguir el comportamiento y controlar cualquier área de la empresa,* y a ella globalmente, con sólo determinar los indicadores apropiados.
B. *Nos proporcionan información* muy valiosa que nos ayuda a tomar decisiones efectivas.
C. *Nos ayudan a planificar a corto y medio plazo,* pues son los propios ratios los que van a permitir que el resultado a alcanzar (objetivo) sea medible y cuantificable. Por ejemplo, en el área comercial, el objetivo típico puede ser: "conseguir unas ventas de "y" durante el primer trimestre del año". Pues bien, el objetivo, como vemos, se ha establecido utilizando el ratio o indicador (IM) "Ventas / Trimestre".

En producción, otro objetivo habitual es: "producir "x" unidades del producto A durante el mes de noviembre". En este caso, se ha utilizado el ratio "unidades producidas / mes".

Como vemos, los ratios son unos excelentes indicadores de medida (IM) en cada área de resultados clave, y *la habilidad del directivo estará en identificar aquéllos que sean realmente significativos para los resultados* a conseguir.

En cualquier caso, los beneficios que proporcione a un directivo el uso de los ratios en su control de gestión estarán en función de su correcta utilización; es decir, serán eficaces en la medida de lo "representativos" que sean dentro del área a analizar, y de la interpretación que les dé el gerente responsable. *Es importante eliminar aquellos ratios que no faciliten una información útil.*

Aunque parezca quizás obvio, es de interés recalcar que, al considerar el ratio: "Ventas/Tiempo", podremos aumentar las ventas en el mismo tiempo o disminuir el tiempo con iguales ventas, o también aumentar las ventas y disminuir el tiempo simultáneamente. Lo importante es que el gerente conozca bien cuáles son los ratios que él debe manejar y los interprete correctamente (Figura 2).

Analizando la Figura 2, que son solamente ejemplos, vemos que la columna central se refiere a áreas de resultados dentro de cada área global (financiera, comercial, etc.), y que en la columna de la derecha se exponen distintos ratios, correspondientes cada uno a un área de resultados. Obviamente, cada ratio de estos señalados es un indicador de medida (IM) del rendimiento (Figura 2).

	Área de resultados	**Indicador de medida-ratio**
Área financiera	— Rentabilidad. — Liquidez. — Financiación propia. — Margen de ventas. — Rotación del activo.	— Beneficio neto/Recursos propios. — Activo circulante/Pasivo circulante. — Recursos propios/Inmovilizado neto. — Beneficios antes impuestos/Ventas. — Ventas/Activo total.
Área comercial	— Resultado de ventas. — Consecución de cuotas. — Composición de las ventas. — Cartera de pedidos.	— Cifra de ventas/Tiempo. — Cifra de ventas/Cuotas de ventas. — Ventas por producto/Total de ventas. — Total de pedidos servidos/Total de pedidos recibidos.
Área de producción	— Nivel de producción. — Producción. — Rechazos producidos.	— Producción real/Producción prevista. — Producción por producto/Producción real. — Unidades rechazadas/Unidades fabricadas.
Área de recursos humanos	— Rotación externa. — Ausentismo. — Horas extraordinarias.	— Bajas voluntarias/Número de empleados. — Días trabajados/Días laborables. — Número de horas extras/Horas normales.

Figura 2. Ejemplos de ratios.

Forma de interpretar los ratios

En cuanto a la forma de interpretar los ratios, aquí van algunas ideas para hacerlo:

1. *En valor absoluto:* El gerente debe tener previamente su propio criterio sobre qué valor del ratio es para él aceptable, satisfactorio o deficiente. Esto debe ser así con independencia de cualquier análisis comparativo posterior.

2. *Comparado con datos históricos:* Se puede comparar con datos del pasado y comprobar su evolución.
3. *Comparado con lo previsto:* Si se ha planificado previamente, puede evaluarse el ratio comparándolo con el resultado previsto.
4. *Comparado con la competencia:* Puede ser útil entre empresas del mismo sector y muy similares.
5. *Comparado internamente:* Suele hacerse, por ejemplo, entre vendedores de un mismo equipo.

¿Cómo se expresan los ratios?

Los ratios se obtienen siempre de la división de un número por otro, pero pueden expresarse de varias formas. Por ejemplo, el ratio "número de pedidos / número de visitas efectuadas", si fuera "10 pedidos / 200 visitas", puede expresarse así:

— En forma de relación: 1 /20.
— En número natural: 0,05.
— En tanto por ciento: 5%.
— En tanto por mil: 0,5‰.

Obstáculos para la medición

1. *La rutina y el hábito de no hacerlo*

En una empresa donde trabajé hace muchos años en Madrid, no existía forma de medición alguna, ni objetivos, ni evaluación del desempeño, ni estándares de eficacia, ni manuales de puestos de trabajo, etc., haciéndose los cosas de una forma totalmente intuitiva, basada en el sentido común y en la inteligencia natural. Pues bien, la forma en que yo sabía si estaba trabajando satisfactoriamente, o no, era según la cara que ponía el director cuando lo encontraba por el pasillo. Si me saludaba sonriente y cordial, yo interpretaba que estaba contento con mi desempeño, es decir, que estaba trabajando bien.

En caso contrario, si su saludo a mi persona era seco o muy escueto, yo pensaba... ¿qué habré hecho mal?

¿Es forma de trabajar ésta? Decididamente, no. En el mundo de la empresa actual, todo empleado, alto o bajo, tiene el derecho de saber si su rendimiento es el esperado; por otra parte, todo superior tiene la obligación de proporcionar la suficiente retroalimentación a sus subordinados, para que éstos conozcan, en todo momento, si su desempeño es, o no, satisfactorio para la empresa.

Pero, sin embargo, en muchas empresas todavía no miden los resultados ni el desempeño de los trabajadores, sobre todo de los administrativos. Hay dos motivos para ello. El primero es el hábito de no hacerlo y caer en *la temible rutina*, que es *uno de los principales enemigos de las empresas.* ¡Ay de las empresas donde alguien, al azar, diga... "Esto siempre se ha hecho así'. El segundo motivo es el de preocuparse sólo por aumentar las ventas y disminuir los gastos, sin darse cuenta de que hay otras muchas funciones administrativas, en principio menores, que es donde hay que incidir, y que, si las hacemos bien, nos llevarán tanto a vender más como a gastar menos.

Este problema ocurre, también, en algunos ejecutivos que cuando leen en su tarjeta de visita "Director General" o "Director de...", piensan que ya no deben aprender algo nuevo, que lo saben todo y, por tanto, siguen trabajando como lo hacían nuestros padres o, como dice Peter Drucker, sin "mirar por la ventana", es decir, sin fijarse en cómo lo hacen los otros.

2. *La creencia de que algunos tipos de trabajo no pueden ser medidos*

   Si pensamos que todo trabajador cobra un sueldo, salario o compensación (como se dice ahora) por obtener determinados resultados, parece obvio que, cuanto mejor se conozcan éstos, más fácil será que se alcancen. Todos los trabajos deben y pueden ser medidos, y aquí es donde debe ser creativo el ejecutivo, pues debe encontrar aquellos aspectos significativos que le permitan medir su comportamiento y su mejora, pues todo tipo de trabajo debe ser medido y evaluado.

3. *La creencia de que una medición es un antecedente de castigo*

   Ya hemos comentado este obstáculo de las mediciones. Debemos añadir que algunos directivos, erróneamente, lo fortalecen, midiendo sólo el desempeño de aquéllos que trabajan mediocre o pobremente, e ignorando a los que tienen buen rendimiento. Esto lo hacen porque a estos últimos "no hay que medirles, puesto que lo hacen bien", según el criterio errado de algunos de los citados directivos.

4. *La idea de que es muy difícil y muy complicado*

   Por supuesto que algunas áreas son más difíciles de medir que otras. En aquellas intangibles, como motivación, moral del personal, comunicación verbal, etc., no resulta fácil, en ocasiones, encontrar indicadores de medida. Tampoco resulta sencillo algunas veces identificar la medición apropiada en áreas rutinarias como, por ejemplo, contabilidad. Pero hay que intentarlo y conseguirlo mediante entusiasmo y creatividad. El primer caso, por ejemplo, motivación, moral, etc., como no podemos meternos en la cabeza de cada empleado para saber si está motivado hacia su trabajo, hacia la empresa y sus objetivos, suele resolverse estableciendo correlaciones que, de cumplirse, nos llevarán al objetivo buscado.

   En el caso de la motivación, podemos pensar que una persona desmotivada falta más los lunes, llega más tarde al trabajo, se queja más veces, etc., y estos últimos aspectos sí que los podemos medir. Por lo tanto, una persona que falte menos veces los lunes, llegue más puntual al trabajo y disminuya su número de quejas, estará más motivada.

   En el caso de la contabilidad, los tiempos y el número de errores son indicadores muy habituales.

Eficacia y eficiencia. Ejemplos

Las mediciones más apropiadas se deben buscar entre las que se dirijan al cliente externo que es, en definitiva, quien decide el éxito o fracaso de la compañía. En esto estamos de acuerdo y es lo que dicen casi todos los especialistas en administración y en calidad, pues ésta la pone el cliente y éste es quien decide cuándo un producto o servicio tiene o no calidad.

Pero, sin embargo, hay muchos indicadores que no se relacionan con el cliente, pero que son importantes, como, por ejemplo, la desviación sobre lo presupuestado, el número de errores contables, los desperdicios, etc. ¿Le importa al cliente si su proveedor establece o no presupuestos económicos en su compañía? ¿Han oído ustedes alguna vez a algún consumidor suyo interesarse por el trabajo de contabilidad? ¿Le ha preguntado algún cliente cuáles son sus principales desperdicios? Probablemente, no. Pero ocurre que, aunque no se dirijan al cliente, sí son significativos para el rendimiento de la empresa de que se trate y, por tanto, hay que medirlos y controlarlos.

Entonces, entramos en los conceptos de eficacia y eficiencia. Desde Peter Drucker a Bill Reddin, nos han dicho lo que es una y otra, pero existen en ellas problemas de semántica debidos —en mi opinión— a una incorrecta traducción del idioma anglosajón. Los conceptos que vienen a continuación son definidos así por la mayoría de los especialistas.

EFICACIA: *Consiste en alcanzar los resultados deseados,* los cuales vienen definidos en función del cliente. Por ello, todas las mediciones relacionadas con la eficacia van dirigidas hacia el cliente. Por ejemplo:

— Devoluciones (de clientes).
— Quejas (de clientes).
— Tiempos de entrega (a clientes).
— Porcentaje de clientes satisfechos.
— Reclamaciones (de clientes).
— Cifra de ventas (a clientes).
— Etc.

EFICIENCIA: *Se refiere a aspectos internos, que no se relacionan con los clientes.* Por ejemplo:

— Número de errores.
— Cumplimiento de lo presupuestado.
— Burocracia.
— Retrasos.
— Adelantos.
— Activos valorados.
— Horas/hombre utilizadas.
— Costes.
— Etc.

Como vemos, éstas últimas no tienen vinculación con el cliente, pero, sin embargo, sí son importantes, debiéndose establecer mediciones en las que proceda.

Por otra parte, y como ya hemos dicho, hay una tendencia a medir la eficiencia con la disminución de recursos y... ¿le interesa al cliente cuántos recursos consume usted?

Preguntas para comprobar que el paquete de mediciones es el correcto

Cuando tengamos seleccionado el paquete de mediciones, se aconseja, a la vista de él, hacerse las siguientes preguntas:

1.ª ¿Propician las mediciones un entorno de mejora continua?
2.ª Los IM, ¿están vinculados a la estrategia de la compañía o de mi departamento? ¿Ayudarán a que se alcance ésta?
3.ª ¿Se han establecido mediciones externas (pensando en los clientes externos) e internas de la propia empresa (desperdicios, productividad, recursos, etc.).
4.ª ¿Se han definido pensando en los clientes? ¿Tienen éstos la última palabra?
5.ª ¿Se ha considerado el tiempo una medida importante? ¿Se ha tenido en cuenta la importancia de la rapidez en las operaciones, para los clientes tanto externos (el tiempo respuesta, entre otros) como internos?

Errores más frecuentes en las mediciones

Existen algunos problemas que se deben evitar y que, de no existir una "cultura de la medición" en la organización, son bastante frecuentes. Son los siguientes:

1. *Medir demasiadas cosas*

   Los ejecutivos deben ser lo más creativos posible para sintetizar al máximo, en pocas mediciones, el desempeño esperado.

2. *Dedicar demasiado tiempo a la medición*

   Debemos tener en cuenta que las mediciones son un medio, nunca un fin, y que el costo generado al medir algo siempre debe ser muy inferior a los beneficios obtenidos después.

3. *Medir las cosas equivocadas*

   Lo que se mida siempre debe ser significativo de la mejora buscada. Los índices de productividad o rendimiento sólo tienen sentido si las mediciones son las correctas. Sólo se conseguirá mejorar si se miden los aspectos que se deben medir.

Las consecuencias negativas al cometer estos errores serían una elevación de los costes, pues el tiempo de las personas, la dedicación de éstas, el tiempo mal utilizado, etc., generan costes para la empresa.

¡Hay que interpretar los indicadores!

La información que proporcionan las mediciones carece de valor por sí sola. Hay que interpretarla, comparándola con otros criterios, y tomar decisiones en consecuencia. Por ejemplo, ¿tiene algún valor para nosotros conocer que nuestro "tiempo de respuesta" es de cuatro días, antes de compararlo con la competencia, si ésta tarda cinco días? Lo único que importa en el mundo de la empresa es lo que hagamos con la información de que disponemos, las decisiones que tomemos.

En el caso citado, si la vamos a utilizar en nuestra promoción, publicidad y cómo, etc, etc. En la “Forma de interpretar los ratios”, en este mismo capítulo, vienen cinco formas de hacerlo, o de compararlo con otros factores. Obviamente, los objetivos de desempeño deben establecerse previamente a la vista de estos cinco criterios.

3

Ejemplos prácticos

Ejemplos de indicadores de medida (IM)

Hemos visto algunos ejemplos de ratios o indicadores de medida dentro de algunas áreas de resultados (área financiera, área comercial, área de producción y área de recursos humanos). Como hemos dicho, los indicadores de medida o mediciones pueden ser ratios, porcentajes, números naturales, unidades monetarias, etc. Los detallados son todos ratios que deben proporcionar información valiosa para el directivo.

Existen áreas donde resulta difícil establecer mediciones y otras donde esto es mucho más fácil. Las más difíciles son las intangibles, como moral del personal, ambiente laboral, comunicación, etc., ya que no se puede introducir uno dentro de la cabeza de otra persona para evaluar si tiene mucha moral en el trabajo o si las relaciones con otros compañeros son buenas o malas. En estos casos, suele recurrirse a encuestas y a correlaciones.

También suelen encontrarse problemas para encontrar qué aspectos medir en otras áreas, como contabilidad, I+D y todas, en general, las que incluyan trabajos creativos o de investigación.

Sin embargo, resulta muy sencillo encontrar indicadores que nos reflejen el desempeño en ventas. Es donde más fácil resulta establecer mediciones que nos resulten significativas, y ello es lógico, porque las ventas siempre tienen cifras que las definen. Veamos algunos ejemplos:

Indicadores comerciales o de ventas

1. *Indicadores generales*

$$\frac{\text{Ventas totales (en u.m.)}}{\text{Ventas totales (en unidades)}} = \text{Precio medio de venta por unidad}$$

$$\frac{\text{Ventas totales}}{\text{Número de clientes}} = \text{Ventas por cliente}$$

$$\frac{\text{Ventas totales}}{\text{Número de pedidos}} = \text{Ventas por pedido}$$

$$\frac{\text{Ventas totales}}{\text{Número de ofertas presentadas}} = \text{Ventas por cada oferta presentada}$$

Como vemos, hay que ser también creativo para determinar cuáles son las mediciones representativas de la mejora que buscamos. Esto debe ser lo primero: conocer en qué aspectos necesitamos o deseamos mejorar.

Otros ejemplos:

$$\frac{\text{Número de pedidos}}{\text{Número de ofertas presentadas}} = \text{Índice de efectividad de ofertas}$$

$$\frac{\text{Número de pedidos}}{\text{Número de visitas realizadas}} = \text{Índice de efectividad de visitas}$$

Este indicador es muy utilizado en las empresas que tienen fuerza de ventas y desean conocer la efectividad de cada visita. También puede utilizarse con unidades monetarias:

$$\frac{\text{Unidades monetarias vendidas}}{\text{Número de visitas realizadas}} = \text{Ventas por cada visita}$$

$$\frac{\text{Ventas totales}}{\text{Ventas previstas}} = \text{Desempeño del departamento o de la empresa}$$

Si se desea conocer el índice de rotación de los vendedores:

$$\frac{\text{Número de vendedores cesados en el año}}{\text{Número de vendedores promedio en el año}} = \text{Índice de rotación de vendedores}$$

$$\frac{\text{Tiempo ante clientes}}{\text{Tiempo total de trabajo en ventas}} = \text{Tiempo efectivo de ventas}$$

$$\frac{\text{Ventas de cada vendedor}}{\text{Ventas totales}} = \text{Ventas por vendedor}$$

$$\frac{\text{Costes de ventas}}{\text{Costes totales}} = \text{Costes de ventas}$$

$$\frac{\text{Ventas totales}}{\text{Ventas totales del sector}} = \text{Cuota de mercado}$$

Lo fundamental es que los ejecutivos sean creativos. Por ejemplo, si se cursan muchas ofertas con errores, pueden medirse éstos:

— Porcentaje de ofertas con errores.

Si se tarda en cancelar las facturas:

— Importe de las facturas no canceladas a los 20 días.
— Número de facturas no canceladas a los 20 días.

Si se tarda en devolver las llamadas:

— Porcentaje de llamadas telefónicas no devueltas en una hora.

Si se duplica demasiado el mecanografiado de cartas:

— Porcentaje de cartas que se han mecanografiado dos veces.

Si pensamos que el "tiempo respuesta" se podría acortar:

— Tiempo respuesta.

2. *Indicadores respecto a los cobros*

Supongamos, por ejemplo, que queremos conocer si aumenta o disminuye la relación de impagados y morosos:

IMPAGADOS

$$\frac{\text{Número de impagados}}{\text{Número de pedidos}} = \text{Porcentaje de impagados}$$

$$\frac{\text{Cifra en u.m. de impagados}}{\text{Cifra total de ventas}} = \text{Índice de impagados}$$

MOROSOS

$$\frac{\text{Número de morosos}}{\text{Número de pedidos}} = \text{Porcentaje de morosos}$$

$$\frac{\text{Cifra total en mora}}{\text{Cifra total de ventas}} = \text{Índice de morosidad}$$

3. *Indicadores respecto a los descuentos*

Y si nos parece que concedemos demasiados descuentos, o si, simplemente, queremos saber si éstos van en aumento o, por el contrario, disminuyen, podemos establecer estos indicadores:

$$\frac{\text{Número de descuentos concedidos}}{\text{Número de pedidos}} = \text{Porcentaje de descuentos}$$

Obviamente, multiplicando por cien lo tendremos en porcentaje.

Igualmente, podemos hacerlo en dinero:

$$\frac{\text{Cifra de ventas en u.m. de descuentos concedidos}}{\text{Cifra total de ventas}}$$

4. *Indicadores sobre los clientes*

Por último, ¿es bueno conocer si los clientes nuevos o antiguos van en aumento o si, por el contrario, van decreciendo? ¿Nos interesa saber el dato de si los clientes satisfechos se están incrementando? Si la respuesta es positiva, podemos medir:

$$\frac{\text{Número de clientes nuevos}}{\text{Número de clientes totales}} = \text{Porcentaje de clientes nuevos (en cuanto multipliquemos por cien)}$$

$$\frac{\text{Número de clientes antiguos}}{\text{Número de clientes totales}} = \text{Porcentaje de clientes antiguos}$$

$$\frac{\text{Número de clientes satisfechos}}{\text{Número de clientes totales}} = \text{Porcentaje de clientes satisfechos}$$

$$\frac{\text{Número de clientes "A"}}{\text{Número de clientes totales}} = \text{Porcentaje de clientes "A"}$$

$$\frac{\text{Número de clientes "A" satisfechos}}{\text{Número de clientes totales}} = \text{Porcentaje de clientes "A" satisfechos}$$

$$\frac{\text{Número de clientes que realizan compras más de una vez}}{\text{Número de clientes totales}} = \text{Porcentaje de clientes que realizan más de una compra al año}$$

Como vemos, hay muchos aspectos que medir dentro de las ventas, además del habitual, que es la cifra de ventas en un período de tiempo. Pero los resultados finales dependen de la interpretación que se les dé y de las decisiones que se tomen en consecuencia, que estarán en función de la profesionalidad y experiencia de la persona responsable, que es quien decide los aspectos que interesa controlar.

Otras áreas en la que existen numerosos indicadores, y que aparentemente no resultan difíciles de determinar, son las financieras o económicas. Para los expertos en finanzas y los economistas debe resultar bastante sencillo establecer las mediciones que les indiquen la marcha de la organización. La verdad es que algunos políticos y economistas demuestran, prácticamente, lo que quieren. Veamos un ejemplo. Si nosotros decimos que la inflación ha aumentado dos puntos porcentuales, parece muy poco; y es verdad cuando ha subido del 10 al 12 por ciento. Pero también es cierto que ha aumentado un 20%, y esto parece mucho más, ¿verdad? Esto es lo que hacen algunos políticos que, con su conocimiento de la economía, demuestran —o lo pretenden, al menos— prácticamente casi todo.

Indicadores financieros

Casi todas las publicaciones económicas y financieras tienen una sección en la que exponen los principales indicadores. Veamos algunos:

— PIB.
— Deuda externa.
— Inflación.
— Tipo de cambio.
— Precio materias primas.
— Bolsas emergentes.
— Cartera vencida/Cartera por vencer + Cartera vencida.
— Gastos de personal/Total de depósitos.
— Activos productivos/Pasivos con coste.
— Tasas de interés.
— Devaluación anual.
— Crédito al gobierno central.
— Activos externos.
— Exportaciones (millones de dólares).
— Producción de petróleo crudo (índice 1990 = 100).
— Importaciones.
— Pasivos externos a largo plazo.
— Etc.

Fuentes: América Economía, Superintendencia de Bancos del Ecuador, Cash Internacional.

Superintendencia de Bancos del Ecuador (1994)

Esta institución controla la marcha y el rendimiento de las 43 instituciones financieras del país, que eran los bancos que había en Ecuador a comienzos de 1995, que es cuando se hizo el trabajo. La institución controlaba la capacidad patrimonial, el riesgo crediticio, la rentabilidad, la liquidez, la eficiencia administrativa y la eficiencia financiera. Y ejerce su control midiendo los siguientes aspectos en forma de ratios:

1. *Capacidad patrimonial*

$$\frac{\text{Patrimonio técnico constituido}}{\text{Total de activos + contingentes}}$$

2. *Riesgo crediticio*

a)

$$\frac{\text{Cartera vencida}}{\text{Cartera por vencer + Cartera vencida}}$$

b)

$$\frac{\text{Provisiones}}{\text{Cartera por vencer + Cartera vencida + Contingentes}}$$

3. *Rentabilidad*

$$\frac{\text{Resultados del ejercicio}}{\text{Cartera + Reservas por...}}$$

4. *Liquidez*

$$\frac{\text{Fondos disponibles}}{\text{Total depósitos}}$$

5. *Eficiencia administrativa*

a) $$\frac{\text{Gastos operacionales}}{\text{Total de activos}}$$

b) $$\frac{\text{Gastos operacionales}}{\text{Total recursos captados}}$$

c) $$\frac{\text{Gastos de personal}}{\text{Total de activos}}$$

6. *Eficiencia financiera*

$$\frac{\text{Activos productivos}}{\text{Pasivos con costo}}$$

Indicadores de Lord Weinstock

Hay unos patrones de eficacia muy conocidos, que se deben a Lord Weinstock, presidente de English Electric, entre otras compañías, y que aparecieron en The Times, en un artículo de Anthoni Vice. Son las siguientes:

— Beneficios / Capital empleado
— Beneficios / Ventas
— Ventas / Capital empleado

(1 = 2 × 3)

— Ventas / Activo Fijo
— Ventas / Existencias
— Ventas / Empleados
— Beneficios / Empleados

Lord Weinstock utiliza los siete indicadores citados en forma de ratios y parte de la base de que si los siete dan resultados favorables, la empresa funciona bien.

Como vemos, Lord Weinstock utiliza los siguientes datos solamente:

- Ventas. (Cuatro veces.)
- Beneficios. (Tres veces.)
- Número de empleados. (Dos veces.)
- Existencias. (Una vez.)
- Capital empleado. (Dos veces.)
- Activo fijo. (Una vez.)

Y compara la cifra de ventas —tan utilizada por directivos y gerentes de todo el mundo— con los beneficios, el capital empleado, el activo fijo, las existencias y el número de empleados.

El número de empleados solamente lo relaciona con las ventas y los beneficios, suponiendo que no le importará que aquél ascienda, mientras lo hagan más las ventas y los beneficios.

Estos siete criterios los ha establecido Weinstock ayudado por los métodos aplicados por General Electric y Texas Instruments en los Estados Unidos; se le envían a Londres con una frecuencia mensual. Lord Weinstock ha demostrado, una gran capacidad en las decisiones que ha tomado una vez interpretados los siete ratios, cuando alguno de ellos ha dado señales de peligro.

Los siete criterios son también muy interesantes para establecer comparaciones con empresas del mismo sector.

Vemos en la figura la comparación entre dos empresas norteamericanas (GE y Texas Instruments) y otras europeas. (Figura 3).

Lord Weinstock ha dicho:

> "La manera más sencilla y concisa de exponer el comportamiento de una empresa es emplear números respecto de los cuales estemos seguros de que indican exactamente lo que deben indicar. Enseñar a los directivos a pensar en esos términos abreviados y simplificados eliminaría también gran parte de la inútil y, a veces, engañosa verborrea que menoscaba el valor de muchos informes."
>
> "Como se ve, los indicadores son realmente un instrumento de aplicación mucho más general en el proceso de control empresarial de lo que podría parecer superficialmente."

	G.E.C.	English Electric	General Electric (EE.UU.)	Texas Instrum.	I.C.I.
1. Beneficios sobre capital empleado (en tanto por ciento)	23%	14%	29%	17%	12,9%
2. Beneficios sobre ventas (en tanto por ciento)	11%	4,8%	8,8%	7,2%	10,3%
3. Ventas sobre capital empleado	2,1%	2,8%	3,3	2,4	1,3
4. Ventas sobre activo fijo	6,1%	4,1%	5,2	4,1	1,0
5. Ventas sobre existencias	3,6	2,8%	5,3	6,2	4,3
6. Ventas por empleado (en libras esterlinas)	3.000	3.285	9.600	6.120	5.570
7. Beneficios por empleado (en libras esterlinas)	330	160	840	440	595

Figura 3. Comparación entre GE y Texas Instruments con otras empresas.

Ejemplos de indicadores de medida (IM) o mediciones

ARC	IM
Contabilidad	• Porcentaje de gastos financieros. • Costes de producción/Gastos generales. • Gastos de transporte/Cifra de ventas. • Coste promedio por conferencia. • Costes telefónicos/Gastos generales.
Financieros	• Beneficio neto. • Recuperación del capital invertido. • Crecimiento de los ingresos. • Flujo de caja. • Rentabilidad del activo. • Rentabilidad por producto, servicio, cliente. • Ingreso por empleado. • Gastos generales, comerciales, etc. • Coste por unidad.

(Continuación)

ARC	IM
Producción	• Número de piezas fabricadas a la hora. • Producción por individuo. • Porcentaje de tiempo inactivo por individuo. • Programa de mantenimiento. • Número de quejas de clientes. • Producción por hora de trabajo. • Producción por departamento. • Número de rechazos/Número de unidades producidas.
Cobros	• Plazo promedio de cobro. • Plazo promedio de cobro telefónico. • Índice de efectividad en cobros.
Contabilidad	• Número de meses en los cuales los balances están en poder de dirección antes del 5.° día laborable del mes. • Porcentaje de fechas de entrega cumplidas. • Número de errores.
Ventas	• Número de visitas comerciales por día laborable. • Visitas efectivas/Visitas no efectivas. • Número de visitas comerciales por día trabajado. • Llamadas telefónicas al día. • Tiempo promedio en llamadas telefónicas al mes. • Porcentaje de cuota de ventas cumplida. • Cifra de ventas al mes. • Unidades vendidas al trimestre. • Número de pedidos al mes. • Porcentaje de efectividad de ofertas.
Compras	• Porcentaje de importe de los errores sobre el total de las facturas. • Plazo promedio de entrega de los proveedores. • Número de proveedores por producto. • Porcentaje anual de aumento del precio.
Imagen	• Número de comentarios negativos en TV y radio. • Número de menciones favorables en TV. • Resultados de encuestas.

(Continuación)

ARC	IM
I+D	• Número de propuestas nuevas aprobadas por la dirección para su desarrollo. • Valor proyectado (en u.m.) de las ideas aprobadas (promedio). • Coste del departamento (en porcentaje).
Recursos humanos	• Plazo promedio de días de contratación a subdirectores. • Plazo promedio de días de contratación a jefes de departamento. • Porcentaje de reemplazos disponibles entrenados para cargos directivos. • Coste promedio de formación unitaria. • Números de empleados en la empresa. • Salario promedio en la compañía. • Índice de rotación del personal. • Número de retrasos al mes. • Número de quejas al mes. • Índice de absentismo.
Planificación	• Plan a medio plazo. • Plan de eliminación de un producto. • Programa de un proyecto.

Resumen

Estos son algunos ejemplos de indicadores que son necesarios en las empresas actuales, porque ayudan —si miden las cosas correctas y son significativos de la mejora pretendida— a conocer la marcha de la empresa. También se puede actuar sobre el desempeño en el día a día y, sobre todo, se identificarán las áreas o aspectos que hay que mejorar.

Hay que centrarse en las cosas que le interesan al cliente; como a éste le interesa el tiempo respuesta, la calidad, el costo y la distribución, sobre estos aspectos se deberá centrar el ejecutivo.

Es importante decir, e insistir sobre ello, que los empleados creen que cuando la dirección empieza a medir las cosas, es que las cosas "no van bien". Entonces hay que explicarles que las mediciones se utilizan para mejorar y resolver los problemas, y no para castigarles.

4

Lo que nos dicen los gurúes

Cómo medir el rendimiento en una compañía

Es relativamente nuevo el énfasis en medir y controlar determinados aspectos de la marcha de la empresa. Dejando aparte lo que dijo Lord Kelvin, nos dice Oriol Amat en su interesante libro "Eva. Un nuevo enfoque para optimizar la gestión, motivar y crear valor", y lo que Francisco Blanco escribió en 1976 en "El control integrado de gestión", donde hablaba innovadoramente de estos asuntos.

Lo que piensa al respecto de los indicadores el autor de estas líneas es que cada especialista tiene un enfoque distinto respecto a lo que se debe medir. Cada prestigioso gurú intenta pasar a la posteridad, y por eso son tan originales. Todos dicen algo distinto. Pasa lo mismo que con la famosa "reingeniería de procesos", la "planificación estratégica" y tantos otros temas. Todos lo aplican "a su manera" y no hay dos autores que digan lo mismo, aunque todos buscan mejorar el futuro de las organizaciones. A algunos les han criticado abiertamente, como a Michael Hammer y James Champy, con su famoso "Reengineering the corporation" (1993), en el cual explicaban muy bien lo que había que hacer, pero no decían "cómo" había que hacerlo.

En cuanto a las mediciones, algunas de las principales teorías que existen son las siguientes:

¿Qué nos dice Peter Drucker?

Empezamos por el verdadero gurú de la administración, *Peter Drucker.* Drucker, en esta ocasión, no nos dice nada nuevo, ni algo que sea original. Publicó un artículo en 1995, titulado *"The information executives truly need"*, en el que nos hablaba de que el ejecutivo necesita utilizar cuatro herramientas para el diagnóstico de una organización, que son:

1. *Información básica* (flujo de caja, liquidez, ventas, cuentas a cobrar, etc.).
2. Información sobre *productividad* (nos dice que el análisis económico del valor añadido [AEVA] junto con el *benchmarking* son las herramientas a utilizar).
3. Información sobre la *capacidad* (se refiere a las capacidades que agregan valor al mercado, innovación, etc.).
4. Información sobre los *recursos* y su distribución (los más importantes y más escasos son el capital y el personal eficiente).

Como vemos, Drucker nos habla de la información que debe tener cualquier directivo que quiera conocer la marcha de su empresa, pero no nos dice algo del necesario equilibrio que debe existir entre las medidas financieras y no financieras, entre las tangibles y las intangibles, etc., quizá fuera porque no se tomó excesivo interés en el asunto, ya que su preocupación estaba puesta más en lo que acontecerá en el futuro.

De todas formas, Peter Drucker nos ha dicho que las cinco funciones básicas que resumen el trabajo de un directivo son:

1. Establecer objetivos.
2. Organizar.
3. Comunicar y motivar.
4. *Medir y evaluar.*
5. Desarrollar y formar personas.

Y como vemos, la cuarta es el tema de este libro, lo cual nos habla de la importancia que le da el consultor número 1 del mundo, el padre del "management" moderno, al motivo central de estas líneas. Pero, veamos lo que nos decía Drucker en *"The practice of management"* en 1954, cuando éste fue libro de texto en muchas universidades importantes:

> "El cuarto elemento básico del trabajo del gerente es la *tarea de medición*. El gerente establece unidades de medida, y existen pocos factores que sean tan importantes para el desempeño de la organización y de cada integrante de ella. Se ocupa de que cada integrante de la organización tenga mediciones a su disposición que estén enfocadas hacia el desempeño de toda la organización y que al mismo tiempo, enfoquen el trabajo del individuo y le ayuden a realizarlo. Analiza el desempeño, lo valora y lo interpreta. Y una vez más, como en todos los demás aspectos de su trabajo, comunica tanto el significado de las mediciones como sus descubrimientos, tanto a sus subordinados como a sus superiores."

Drucker dice que todo dirigente realiza, en mayor o menor grado, según su especialidad, estas cinco funciones. Y esto nos lo dijo hace casi cincuenta años.

También nos habla de ello Guido Stein en su libro "El arte de gobernar según Peter Drucker".

"Manifiesto sobre la medida del rendimiento", de R. Eccles

En 1991, la *Harvard Business Review* publicó un artículo de Robert Eccles *"The performance measurement manifesto"*, que despertó bastante expectación entre los empresarios y gerentes de la época, y también entre los de ahora. Hago un breve resumen de él.

Cada vez son más los directivos que están cambiando los sistemas de medición del rendimiento de sus empresas y que buscan medidas no financieras, pues los indicadores principales no se pueden encontrar "solamente" en los datos financieros. Quien busque medir y controlar solamente este tipo de datos, que generalmente vienen de contabilidad, corre el riesgo de quedarse obsoleto.

Eccles aconseja partir de cero y preguntarse:

- Dada nuestra estrategia, ¿cuáles son las medidas más importantes del rendimiento?
- ¿Cómo se relacionan estas medidas entre sí?
- ¿Qué medidas son las que predicen de verdad el éxito financiero a largo plazo en nuestra compañía?

Para quienes pensaban que era algo nuevo el énfasis actual en las medidas no financieras para medir el rendimiento, nos recuerda ECLES que, ya en 1951, Ralph Cordiner, a la sazón Consejero Delegado de General Electric, encargó a un equipo de alto nivel que identificara las medidas clave del rendimiento de una empresa, y fueron las siguientes:

— Rentabilidad.
— Cuota de mercado.
— Productividad.
— Actitudes de los empleados.
— Equilibrio entre objetivos a corto plazo y a largo plazo.

Y, como vemos, sólo las de rentabilidad son medidas financieras que suelen venir de contabilidad.

En la década de los ochenta, lo que más se medía era la calidad, y en la de los noventa es la satisfacción del cliente, hasta tal punto que muchas empresas tienen un departamento de satisfacción del cliente. Lo importante es que las medidas que se lleven a cabo apoyen las estrategias, y que éstas vayan dirigidas a superar las expectativas de los clientes externos.

Eccles nos dice que, antes o después, hay cinco áreas de actividad en que tenemos que incidir:

1. Desarrollar una *arquitectura de la información,* en la cual tenemos que identificar los datos necesarios para cumplir con la estrategia, pensar cómo se generan estos datos y

establecer unas normas que regulen el flujo de información.

2. Instalar una *tecnología* que soporte esta estructura.
3. Adecuar los *incentivos* al nuevo sistema. Es necesario que los directivos los "vendan" bien a los subordinados.
4. Utilizar *recursos económicos externos* a la empresa, pues los inversores de cualquier compañía sólo atienden, casi, a los datos financieros.
5. Diseñar un *proceso* para que las cuatro anteriores se cumplan. Hay que tener encuenta que este proceso es una filosofía que no se acaba nunca y que debe adoptarse con mucho entusiasmo.

Lo que nos dice Harrington

James Harrington es una autoridad en todo lo que sea calidad, como lo prueba el que haya estado 40 años en IBM, y que actualmente sea principal en Ernst & Young y consejero en el tema de la calidad internacional. Es presidente o director de varias instituciones y autor de varios libros de procesos y calidad.

Harrington dice que debe haber un balance entre los puntos de vista. El criterio del cliente externo debe equilibrarse con el de los que ejecutan los procesos internos. En uno de sus últimos libros, *"Total improvement management. The next in Performance Improvement"*, traducido al español por McGraw Hill como "Administración total del mejoramiento continuo. La nueva generación" nos habla de que sin mediciones no hay sensación de logro, y hay poco o ningún motivo para intentar mejorar. ¿Por qué un empleado que se queja de lo duro o lo mucho que ha trabajado durante el día, luego se dirige a su casa y juega tres "sets" de tenis (donde consume, por lo menos, el doble de energía si se compara con la jornada de trabajo de ocho horas al día) y se siente encantado de hacerlo? Porque el individuo experimenta una sensación de realización cuando el sistema de mediciones le proporciona retroalimentación directa. Los únicos que no desean que se les haga algún tipo de medición son aquéllos que obtienen resultados deficientes, aquéllos que trabajan mal.

Hay muchos ejemplos de ello. Nos cuenta Harrington que en una planta de IBM en Havant (Inglaterra), cuando se empezó a proporcionar retroalimentación a cada operario de ensamblaje, el nivel de defectos disminuyó en un 90 por 100.

El gran problema es que, casi siempre, el desempeño se mide al final. Por eso, la retroalimentación debe ser inmediata, además de relevante. Todos los trabajos importantes deben medirse.

Nos comenta Harrington algo que puede ser significativo respecto a las mediciones.

Existen dos tipos de datos que nos pueden expresar los indicadores:

Datos de atributos

Son aquéllos en los que, lo que se necesita saber, es solamente; "sí" o "no", "seguir" o "no seguir", "aprobar" o "rechazar", etc. Por ejemplo:

— ¿El empleado llegó a tiempo al trabajo?
— ¿La reunión comenzó a la hora fijada?
— ¿El informe se entregó a tiempo?
— Etc.

Datos de variables

Estos datos son mucho más precisos que los anteriores. Por ejemplo:

— Número de días empleados en resolver un problema.
— Cantidad de días que los empleados no asisten por encontrarse enfermos.
— Costo del correo nocturno.
— Número de veces que el teléfono suena sin ser descolgado.
— Etc.

Algún lector estará pensando en la similitud con las preguntas "abiertas" y "cerradas". Y tiene razón. Porque, ¿qué son las mediciones sino unas preguntas que se hacen a la empresa?

Harrington propone establecer tres tipos de indicadores o mediciones:

- Indicadores de EFICACIA (efectividad).
- Indicadores de EFICIENCIA.
- Indicadores de ADAPTABILIDAD (flexibilidad).

Veamos cada uno de ellos por separado:

1. Indicadores de eficacia (efectividad)

Son aquéllos que permiten medir la eficacia o efectividad de un resultado. Ya sabemos que la eficacia es obtener el resultado que se quiere en el momento que se desea, en el lugar preciso y al precio justo, todo pensando en el cliente.

Ejemplos:

— % de productos despachados puntualmente.
— % de productos que han funcionado exactamente.
— Duración media de los productos o servicios.
— % de clientes satisfechos.
— % de confiabilidad.
— Tiempo respuesta.
— Número de interrupciones.
— Palabras que comienzan con "re" (reparaciones, reinspecciones, retrabajos, etc.).
— Etc.

2. Indicadores de eficiencia

Son aquéllos que buscan la eficiencia interna y, por tanto, *se refieren principalmente a los recursos consumidos para obtener un resultado.*

También, se refieren al número de errores cometidos, a los defectos, desperdicios, quejas, felicitaciones, absentismos, actividades con o sin valor agregado, etc., y *no se refieren a los clientes externos, sino a la eficiencia interna.*

Ejemplos:

— Número de personas utilizadas por unidad de tiempo.
— Horas extras consumidas al mes.
— Dinero gastado en horas extras al trimestre.
— Materia prima usada por producto.
— Duración de la máquina...
— Costo por producto o servicio.
— Horas/hombre al día y por producto.
— Número de errores por producto-servicio.
— Número o % de quejas al mes.
— Número de reclamaciones a la semana.
— % de piezas defectuosas.
— Número de especificaciones cumplidas.
— Etc.

3. Indicadores de adaptabilidad (flexibilidad)

Son los indicadores que *se preocupan en satisfacer las cambiantes necesidades y expectativas de los clientes externos.* Hay que ser flexible y adaptarse a los cambios (que suelen ser muchos) del cliente.

Ejemplos:

— Número de iniciativas del personal aprobadas por la gerencia.
— % de pedidos especiales procesados.
— Número de sugerencias aplicadas al mes.
— % de pedidos especiales introducidos al día.
— % del número de suministros en las fechas que quiere el cliente.
— Etc.

Con frecuencia no se incluyen estas mediciones, pero los gustos, deseos y necesidades de los consumidores están cambiando... y a pasos agigantados.

Rentabilidad de gestión, de Simons y Dávila

En 1998, un profesor de Harvard, Robert Simons, junto con Antonio Dávila, profesor del IESE, escribió un artículo en la *Harvard Business Review* en el que habló de un concepto nuevo (la "rentabilidad de gestión", RG), que se expresa en forma de ratio y que nos puede ayudar a establecer la "tarjeta de resultados equilibrada".

$$RG = \frac{\text{Energía productiva de la organización liberada}}{\text{Tiempo y atención directiva invertidos}}$$

Esta rentabilidad de gestión *no es una fórmula cuantitativa. Es subjetiva y no se obtiene de ella una cifra ni un porcentaje concreto y para evaluarla se requiere acudir a la intuición y la experiencia.* Al utilizar el ratio indicado, los directivos pueden calcular si tienen una alta o baja RG.

La rentabilidad de gestión ayuda a los dirigentes de cualquier compañía a no invertir demasiado tiempo ni excesiva energía en establecer los indicadores que van a permitir controlar y mejorar la marcha de la empresa.

Simons y Dávila aconsejan hacer cinco preguntas:

1.ª *¿Sabe su gente cuáles aspectos no se deben controlar ni medir?*
Los directivos con RG alta dejan bien claro en qué áreas no deben perder el tiempo sus empleados. Establecen los límites estratégicos de la gestión de su compañía. (Por ejemplo, negocios que no deben hacerse, clientes que no se aceptarán, etc.)

2.ª *¿Están las medidas inspiradas en un sano temor al fracaso?*

Se debe pensar que la empresa puede fracasar y desaparecer. Hay que pensarlo como un hecho real y posible, sobre todo a largo plazo.

3.ª *¿Recuerdan fácilmente los directivos sus medidas?*
Los autores nos recuerdan que se debe limitar el número de indicadores a utilizar y nos dan una sugerencia al respecto: al personal sólo se le debería responsabilizar de tantas medidas como fuera capaz de recordar. Y establecen el número máximo en siete.

4.ª *¿Están seguros de no tener demasiada burocracia y demasiados trámites?*

5.ª *¿Controla todo el mundo lo mismo que el jefe?*
En las empresas con RG alta, todas las personas tienen claro qué es lo que vigila el jefe, y lo vigilan ellas también.

Si las respuestas a estas cinco preguntas son positivas, probablemente la rentabilidad de gestión será alta.

Peligros al establecer sus mediciones

El establecer unos indicadores, unas mediciones correctas, no es fácil. Pueden surgir problemas que desemboquen en una baja rentabilidad de gestión, es decir, en escasa eficacia del trabajo, estableciendo y controlando indicadores.

Estos peligros pueden ser:

— "El cielo es el límite". Este título de un libro de éxito nos puede hacer recordar que *debemos ser realistas* y tener los pies en el suelo. Por ejemplo, no tener una visión fuera de la realidad.
— *Algunas personas* o grupos *se resienten* si quedan excluidos.
— Hay *poca* o deficiente *comunicación vertical* y, por tanto, no puede controlarse lo mismo que el jefe, por desconocerlo.
— *Los empleados no saben* —por el motivo anterior— cuáles son *las prioridades de la dirección.*
— Se establecen *demasiadas mediciones* y la gente se siente desbordada, dedicándoles excesivo tiempo y haciéndolas *no rentables.*
— Algunas personas *no conocen* bien cuáles son *sus responsabilidades.*

5

Cuadro de mando integral, de Kaplan y Norton

El cuadro de mando integral

Hemos hablado de los problemas que supone utilizar únicamente datos financieros, provenientes de la contabilidad, para controlar la marcha de las empresas.

Estos problemas son, básicamente, tres:

- Los datos que vienen de contabilidad, se refieren a hechos ya pasados. Puede ocurrir que no tengan ya interés.
- Los indicadores no suelen estar relacionados entre sí.
- *Cada vez son más importantes los aspectos intangibles*, de los cuales nada dice la información de contabilidad.

Estos problemas ya fueron apreciados por muchos directores de empresa y especialistas; *había consciencia de que faltaba "algo"* y de que era incompleto y defectuoso el control que se ejercía sobre la marcha de las organizaciones. Cada vez tenían más importancia los aspectos intangibles, como el tiempo de respuesta, y la utilidad del control de gestión se veía mermada. En los mercados competitivos empezaban a surgir algunos indicadores que no provenían de la información contable, y ésta se encontraba cuestionada.

Esta era la situación cuando Robert Kaplan, profesor de Contabilidad de la *Harvard Business School,* junto a David Norton publicaron en la *Harvard Business Review* un artículo titulado *"The balanced scorecard"*, en 1992, y otro en 1993, titulado *"Putting the balanced scorecard to work"*. Tuvieron mucho éxito con ambos artículos, los cuales provocaron otro, que se llamó *"Balanced scorecard as strategic management system"* (1996), y un libro traducido al español (1997): "Cuadro de mando integral" (*"The balanced scorecard"*).

El asunto empezó en 1990, cuando el *Nolan Norton Institute* patrocinó un estudio sobre "La medición de los resultados en la empresa del futuro", en la creencia de que *los enfoques existentes sobre la medición de la actuación basados casi exclusivamente en datos contables y financieros se estaban quedando obsoletos.* Se habían dado cuenta de que los activos intangibles se habían convertido en algo mucho más decisivo que los activos tangibles y físicos, y que se habían utilizado excesivamente las mediciones financieras en los negocios.

Decían en el libro citado que *se debe balancear y equilibrar el paquete de mediciones,* e intentar proporcionar un marco para comunicar la misión y la estrategia. Hasta entonces, lo habitual era que la alta dirección únicamente se preocupase de las medidas financieras que provenían de la contabilidad, y que los niveles jerárquicos inferiores se encargasen (ellos sí) de los aspectos intangibles. Lo frecuente era que estos últimos no conocieran las consecuencias financieras de sus acciones.

El cuadro de mando integral (CMI) que ellos proponen debe traducir la misión y la estrategia de una organización en un amplio conjunto de medidas de la actuación, organizadas coherentemente bajo cuatro perspectivas diferentes:

1. Finanzas.
2. Clientes.
3. Procesos internos.
4. Innovación y crecimiento de los empleados.

Dicen Kaplan y Norton que si se necesitan en alguna empresa más perspectivas, deben utilizarse, y que nunca deberán usarse estas cuatro perspectivas como un corsé o una "camisa de fuerza". Existen otros grupos de interés, como los empleados, los proveedores y la comunidad, y en los casos en que se deba, deben utilizarse.

El CMI es algo más que un sistema y *debe buscar un equilibrio entre:*

— Objetivos a corto y a largo plazo.
— Medidas financieras y no financieras.
— Indicadores previsionales e históricos.
— Perspectivas internas y externas.

En definitiva, el CMI ayuda a revisar la estrategia constantemente; es un enfoque innovador que enriqueció el control de la gestión y significó una revolución dentro del mismo, ayudando a alinear los objetivos de la organización con los de cada empleado.

Dicen también Kaplan y Norton que el cuadro de mando integral (CMI) es mucho más que un conjunto de indicadores que pueden informar de la marcha de la compañía, y que debe utilizarse como un sistema tanto de gestión central como de comunicación y formación.

¿Qué es realmente el cuadro de mando integral (CMI)?

El CMI es un sistema de gestión organizado coherentemente bajo cuatro perspectivas diferentes:

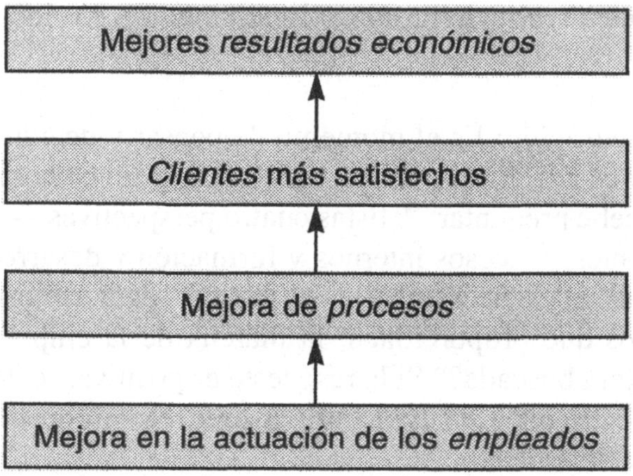

Se basa en que, si la forma de trabajar de los empleados mejora, mejorarán también los procesos internos de la compañía. Si mejoran los procesos de la empresa en general, los clientes estarán más satisfechos, porque les llegarán los productos-servicios más rápidamente y en las condiciones que ellos desean; por tanto, comprarán más y mejorarán también, por ello, los resultados financieros de la empresa.

De esta forma, se relacionan los indicadores que pueden informar de los resultados de la empresa, que era uno de los problemas existentes antes del CMI, y se consigue el debido equilibrio entre todas las mediciones.

Merece señalarse que, según dicen algunos autores y Carmen Sánchez Gilabert, de Siemens, es necesario que exista un decidido apoyo de la alta dirección; la gente se comprometerá más y estará más motivada a alcanzar excelentes resultados con el CMI si éstos se relacionan con el dinero que van a percibir a final de mes.

La tarjeta de resultados equilibrada

Lo fundamental —según Kaplan y Norton— es que los indicadores-mediciones estén debidamente balanceados y equilibrados, y aconsejan utilizar una "tarjeta de resultados equilibrada", cuya creación puede consistir, aproximadamente, en los siguientes pasos:

1. *Preparación:* Es el momento de pensar y decidir si esta tarjeta es adecuada para la organización. En cada organización se debe preguntar: "¿Estas cuatro perspectivas —financieras, clientes, procesos internos y formación y desarrollo— serán todas ellas necesarias y suficientes para conocer, con los datos que proporcionen, la marcha de la empresa según la mejora buscada?" Si la respuesta es positiva, se debe utilizar, pero después de transmitir a todo el equipo directivo sus características.

2. *Misión:* Se debe informar por escrito a todos los directivos (por si no las conocen o aunque las conozcan) de la misión, la visión y la estrategia de la compañía.
   Ya hemos dicho que los indicadores deben ir vinculados a la estrategia, y ésta es una de las diferencias entre un grupo cualquiera de mediciones y el cuadro de mando integral: en éste deben referirse los indicadores a la estrategia. Por tanto, es fundamental que aquellos midan la estrategia a seguir. No es fácil, pero se debe intentar.
3. *Entrevistas:* La persona responsable del CMI, llámese como se llame, debe mantener entrevistas por separado (aconsejan de hora y media cada una en las grandes empresas) con todos los directivos, para que, en base a los objetivos estratégicos o generales (es decir, en base a los resultados globales que quiere alcanzar la compañía), hagan sus propuestas de mediciones.
4. *Más entrevistas:* Esta fase es, quizás, la más decisiva, pues en ella se debe buscar consenso entre todos los directivos. Por ejemplo, ¿se miden los factores críticos de éxito? Se debe pensar que sí porque, si no, ¿por qué son factores de éxito?
5. *Organigrama:* En esta etapa se explican y discuten las mediciones acordadas para la tarjeta con los subordinados, intentando "vendérselas" bien a éstos, y se les pide que, en base a ellas, se establezcan objetivos operativos o de desempeño.
6. *Implantación:* ¡Impléntela!
7. *Revisión:* Es necesario revisar las mediciones de la tarjeta con una frecuencia mensual o, como mucho, trimestral.
   La tarjeta de resultados equilibrada no debe considerarse algo estático sino dinámico, por lo que sus indicadores deben revisarse constantemente y cambiarse cuando se estime necesario.

Lo principal es que se tenga bien claro que cada organización es única y, por tanto, deben tener unos indicadores (que forman una tarjeta) que, normalmente, serán distintos; los deben establecer, o dar el visto bueno, los directivos de cada organización.

Cómo vincular las mediciones a la estrategia

Empezamos por definir qué es la estrategia: Es lo que vamos a hacer para alcanzar el objetivo, es decir, el resultado que queremos alcanzar. Por ejemplo, aumentar las habilidades de los directivos, mejorar los resultados de determinada sucursal, poner más atención en los clientes, etc. *A partir de estas estrategias se establecerán unos objetivos, los cuales generarán unas acciones para alcanzarlos.* Todas estas acciones, objetivos y estrategias deberán alcanzar la visión de la compañía, desempeñando la misión encomendada.

Si nosotros medimos y controlamos mediante indicadores financieros y no financieros estas acciones, que son parte de las estrategias, será mucho más fácil que alcancemos los resultados deseados.

Kaplan y Norton aconsejan ayudarse en las relaciones de causa-efecto; por ejemplo, con las palabras si... y entonces...

Si los empleados mejoran, *entonces* mejorarán también los procesos que aquéllos realizan. *Si* hay más exactitud y corrección en los procesos, *entonces l*os clientes comprarán más. *Si* los clientes compran más, *entonces* mejorarán los resultados y las finanzas de la compañía.

Esta secuencia de relaciones causa-efecto permite la necesaria vinculación entre todos los indicadores del CMI.

Lo principal es relacionar los resultados económicos con los resultados operativos. Eso es lo que dicen Kaplan y Norton.

Si una medición eficaz tiene que formar parte del proceso de gestión, la tarjeta de resultados equilibrada se convierte en el indicador que nos permite evaluar todos los proyectos. Es, un poco, como "la pescadilla que se muerde la cola". Si buscamos cómo vincular los indicadores a la estrategia, la misma búsqueda de los indicadores nos ayudará a comprender mejor la estrategia y a entender su coherencia.

Otro consejo que nos dan KAPLAN y NORTON es el de utilizar y diferenciar dos tipos de indicadores: Los *indicadores efecto,* que son resultados y se realizan *a posteriori,* y los *indicadores causa,* que se realizan *a priori* y son más específicos.

Por último, insisten en que todas las mejoras operativas se deben relacionar con los resultados económicos, con el dinero.

Resumiendo: para alcanzar una estrategia tenemos que realizar determinadas acciones. Estas acciones son las que tenemos que medir y, de esta forma, estarán vinculadas las medidas a la estrategia.

Esto que decimos aquí parece fácil, pero no lo es. Resulta, en ocasiones, difícil saber a ciencia cierta cuál es la estrategia que nos llevará al éxito.

Ejemplos

Hemos dicho que las medidas deben referirse a la estrategia y deben estar relacionadas entre sí.

Como ejemplos de las cuatro perspectivas aconsejadas por Kaplan y Norton, aquí van los siguientes:

1. *Indicadores financieros*

— Facturación.
— Cifra de ventas.
— Beneficios antes de impuestos.
— Beneficios netos.
— Beneficios por acción (las que coticen en bolsa).
— Retorno de la inversión.
— Rentabilidad del capital.
— Rentabilidad de los activos.
— Rentabilidad por producto.
— *Cash-flow.*
— Amortizaciones.
— Gastos generales.
— Gastos financieros.
— Gastos por departamento.

— Costes por producto.
— Disminución de costes.
— Rotación de inventario.
— Rotación de los activos.
— Etc.

2. *Indicadores de clientes*

— Cuota de mercado.
— Incremento de clientes.
— Retención de clientes.
— Satisfacción de clientes.
— Rentabilidad de clientes.
— % de incremento de clientes.
— % de clientes que recompran.
— % de clientes que compran más de un producto.
— % de clientes que compran por recomendación de otras personas.
— Resultados de encuestas a clientes.
— Número de noticias favorables en medios de información.
— Número de quejas de clientes.
— Número de reclamaciones de clientes.
— Número de devoluciones de clientes.
— Número o % de clientes satisfechos.
— Etc.

3. *Indicadores de procesos*

— Tiempo respuesta.
— Tiempo necesario para desarrollar nuevos productos.
— Tiempos de espera en...
— Tiempos de los ciclos.
— % de cumplimientos en plazos de entrega.
— % de ventas de nuevos productos.
— % de reprocesos.
— % de productos defectuosos.
— % de productos entregados puntualmente.
— % de retrasos en la prestación del servicio.

— % de lotes rechazados.
— Rotación de existencias.
— Promedio de plazo de entrega de pedidos.
— Promedio de plazo de cobros.
— Costes de fallos por ventas.
— Número de días del ciclo productivo.
— Número de fallos por 10.000 unidades.
— Número de errores en facturación.
— Número de errores en pago a proveedores.
— Índices de defectos en...
— Etc.

4. *Indicadores de empleados*

— Inversión dedicada a formación.
— % de la inversión en formación en relación con el paquete salarial.
— % de empleados que han recibido formación.
— Número promedio de horas de formación por empleado.
— % de empleados satisfechos con la formación recibida.
— Resultados de encuestas de evaluación de la formación.
— Formación interna/Formación externa.
— Motivación de los empleados de...
— Productividad de los empleados de...
— Número de sugerencias aplicadas/Número de sugerencias.
— Delegaciones efectuadas satisfactoriamente.
— Índice de rotación de los empleados de...
— % de empleados satisfechos con su compensación.
— Índice de absentismo.
— Índice de absentismo de los lunes.
— Número de quejas de los empleados.
— Evaluación del trabajo de dirección.
— Credibilidad de los directivos.
— Otros resultados de encuestas a los empleados.
— Ventas por empleado.
— Beneficios por empleado.
— Etc.

Éstos son algunos ejemplos de mediciones que pueden ayudar a quien quiera encontrar indicadores en estas cuatro áreas; pero lo importante es tener bien claro que no consiste en medir mucho, sino en medir las cosas correctas y en interpretarlas y tomar decisiones posteriormente. Lo que cuenta es lo que se haga después, y sólo se hará lo que se haya decidido. En el mundo de la empresa sólo importan los resultados que se obtengan, y éstos sólo vienen cuando se hacen actividades, cuando se realizan tareas tales como establecer mediciones y puntos de control.

6

La pirámide de los resultados de Linch y Cross

La pirámide de los resultados

Hay dos especialistas en administración de empresas, Richard Linch y Kelvin Cross, que escribieron un libro titulado *"Measure up! Yardsticks for continuous improvement"*, traducido al español y publicado por Ediciones Deusto, S. A. con el nombre "La mejora continua. Patrones de medida", y en el que, los autores se han apoyado en los principios de la planificación estratégica, de la calidad total, de la simplificación del flujo de trabajo, de la contabilidad por actividades y del justo a tiempo.

Las ideas de Linch y Cross, aunque no son muy modernas, pues datan de 1991 ó 1992, son de las más eficaces dentro del mundo empresarial actual.

Linch y Cross aconsejan utilizar una pirámide de resultados, distribuida en cuatro niveles, asegurando un eficaz enlace entre la estrategia y las operaciones (éste es uno de los principales problemas en muchas empresas: cómo pasar de lo estratégico a lo operativo) y ponen gran énfasis en las mediciones de satisfacción del cliente, flexibilidad y productividad, los tres frentes en que luchar con la competencia. Dicen que los japoneses nos han dado una lección a los occidentales con el orden que emplean en estos tres factores de éxito: Primero, la satisfacción del cliente; segundo, la productividad y, por último, la flexibilidad (Figura 4).

Figura 4. Pirámide de los resultados.

En la Figura 4, la alta dirección tiene una "visión" de la empresa para el futuro. *Los objetivos estratégicos* o generales (es decir, los resultados que quiere alcanzar la compañía) *se definen en términos de mercado y económicos*. Luego se formulan las estrategias que nos dicen cómo se van a alcanzar estos objetivos. En el tercer nivel hacia abajo, se establecen los indicadores y los objetivos operativos, que nos van a ayudar a que se alcancen los objetivos superiores, referentes a la satisfacción del cliente, la flexibilidad y la productividad, y en la base de la pirámide se establecen también los indicadores más específicos en relación con calidad, entrega, duración del ciclo y desperdicios.

En esta pirámide de la actuación, si nos fijamos, *en la parte izquierda es donde se encuentra la eficacia*, pues todas las mediciones y todos los aspectos se refieren a los clientes externos, al mercado; *y en el lado derecho*, sombreado, es *donde se encuentra la eficiencia interna* que, aunque no depende del cliente externo, también es importante de cara a los resultados de la empresa. Por tanto, existirán dos clases de medidas: las medidas que reflejen la eficacia y las que se refieran a la eficiencia, todas las cuales deben estar debidamente balanceadas y equilibradas para que se obtengan unos resultados satisfactorios en marketing y finanzas, que es lo que buscan casi todas las empresas.

Explicaciones y ejemplos

1. *Objetivos de mercado*

Las medidas de mercado son todas referidas al cliente. Las más utilizadas son:

— Participación absoluta en el mercado.
— Participación relativa en el mercado. (Ésta se llama también cuota de mercado, etc.)
— Clasificación por participación en el mercado.
— Participación en el mercado comparada con la del mayor competidor.
— Etc.

2. *Objetivos de Finanzas*

— Beneficios.
— Subida de la cotización de las acciones.
— Rendimiento de la inversión.
— Rentabilidad por producto.
— Costes.
— Etc.

Hay un aspecto a destacar aquí. Según dicen Linch y Cross, en las empresas japonesas dan más importancia a los objetivos de mercado que a los objetivos financieros, mientras que en el mundo occidental es a la inversa.

3. *Indicadores de satisfacción del cliente*

Para que esté satisfecho el cliente, tienen que estar muy bien gestionadas las expectativas de éste, y para eso necesitamos conocerlas previamente. Peter Drucker dice que una empresa sólo tiene verdadero sentido si sus clientes están satisfechos.

Un sistema operativo basado en la satisfacción del cliente pone más énfasis en la parte izquierda de la pirámide y, sobre todo, en la calidad y la entrega; pero, ¿qué significa la calidad para el cliente?

¿Cuáles son sus necesidades, deseos y expectativas? Esto es lo primero que debe saberse y hay ideas, encuestas y técnicas para hacerlo.

Los indicadores más usados son:

— Índice de satisfacción del cliente.
— Incremento de satisfacción del cliente.
— Número de felicitaciones.
— Número de reclamaciones.
— Etc.

En cierta ocasión, en un país de Sudamérica, en un taller de establecimiento de objetivos, una participante relató a los presentes cómo medían, en el banco en que trabajaba, la satisfacción de los clientes. Y era, más o menos, de la siguiente manera:

Su despacho, de cristal, estaba al fondo a la derecha del vestíbulo o *lobby*, y cuando salía un cliente después de haber firmado y aprobado un importante servicio, hacía una seña, señalando a éste, a otra señorita que estaba de pie al lado de la puerta, quien abordaba al cliente antes de salir, con estas palabras: "Perdone, señor, soy la Gerente de Servicio al Cliente. Estoy haciendo una encuesta. ¿Me concedería usted dos minutos contestándome a tres preguntas?". Por lo visto, todos los clientes aceptaban, y de esta manera, con unas preguntas muy bien pensadas, determinaban si el cliente estaba satisfecho, o no, con el servicio recibido.

Esto lo hacían con 4 personas todos los días y, de esta forma, disponían de 1.000 resultados al año (4 x 250 días laborales = 1.000) para comprobar el grado de satisfacción de los clientes con determinado servicio bancario. Esto les permitía mejorar en los aspectos más difíciles de su trabajo, hasta conseguir exceder las expectativas de los clientes, que es adonde deben tender todas las compañías.

4. *Indicadores de flexibilidad*

Entendemos por flexibilidad la capacidad para adaptarse a los deseos y necesidades de los clientes, las cuales son variables, sobre todo con el tiempo.

Los japoneses nos han dado una lección –según Linch y Cross— poniendo la flexibilidad después de la productividad y dándole a aquélla la máxima prioridad, como lo prueban los programas "justo a tiempo" (intentan reducir los plazos de espera en la fabricación), la reducción del tiempo de preparación de máquinas, etc.

Ejemplos de indicadores de flexibilidad pueden ser:

— Número o % de pedidos urgentes entregados a tiempo.
— Tiempo promedio en los cambios de diseño.
— Tiempo promedio en salir al mercado.
— % de plazos de entrega ofrecidos y cumplidos.
— Tiempo respuesta.
— Etc.

5. *Indicadores de productividad*

La productividad se refiere a la eficacia con que se gestionan los recursos, y relaciona los resultados obtenidos con los recursos que se han utilizado. Por tanto, cualquier recurso que pueda medirse y que sea significativo puede valer como indicador del rendimiento dentro del área de productividad. Como los recursos se pueden definir con 6M+T, siendo "M" las iniciales en inglés de los distintos tipos de recursos que pueden utilizarse:

MAN	Personas
MONEY	Dinero
MACHINES	Máquinas
MATERIALS	Materiales
METHODS	Métodos
MANAGEMENT	Dirección

y "T" el tiempo, los indicadores más utilizados en esta área son:

— Productividad total en...
— Coste unitario por producto.
— Resultados obtenidos en…
— Número de personas por resultado.

— Plazo de cobro.
— Costo en dinero por resultado.
— Etc.

Hay dos aspectos que deben considerarse:

1. Los recursos más importantes son el dinero, las personas y el tiempo.
2. Todos los recursos pueden cuantificarse (más o menos fácilmente) en dinero.

6. *Indicadores de calidad*

La calidad la marca el cliente. El cliente externo —para quien nosotros trabajamos— tiene unas expectativas variables. Nosotros tenemos que adaptarnos a ellas. Entonces tendremos flexibilidad. Han pasado los tiempos en que la calidad era equivalente a conformidad con las especificaciones.

Ejemplos:

— % de componentes correctos en el montaje final.
— Duración del ciclo.
— Coste de la calidad en el producto...
— % de instalaciones sin problemas.
— Número de proveedores para suministro inmediato.
— Etc.

7. *Indicadores de entrega*

"Justo a tiempo" significa "ni antes ni después". El envío adelantado, según esta teoría, es tan inaceptable como el retrasado. Hay dos aspectos a evaluar en la entrega: la cantidad y la oportunidad (se refiere al tiempo). Hay que alinear los dos aspectos con las expectativas del cliente.

Ejemplos:

— % a entregar en determinadas fechas.
— % de pedidos a tiempo.
— Número o % de clientes a los que se ha entregado a destiempo.

— Promedio de pedidos entregados sin error.
— Etc.

8. *Indicadores de duración del ciclo*

La duración del ciclo en la fabricación suele ser la de la duración del proceso, más la de la inspección, la de la espera o transformación y la de almacenaje. En servicios es muy variable, dependiendo de cuál sea el servicio; pero lo importante es determinar cuál es la duración promedio del ciclo, porque sólo se agregará valor cuando se disminuya éste.

Ejemplos:

— Tiempo hasta salir al mercado.
— Tiempo de desarrollo del producto.
— Tiempo de espera hasta entrar en fabricación.
— Tiempo respuesta.
— Etc.

El tiempo respuesta es el tiempo que transcurre desde que llega un pedido a la empresa hasta que se suministra a plena satisfacción, y debe ser mínimo, porque el tiempo es muy importante para los consumidores actuales.

9. *Indicadores de desperdicios*

Un desperdicio es un sobrante y, si queremos trabajar eficientemente, debemos eliminarlos al máximo. Es lo que pretendía el programa "cero defectos" y es lo que se busca con la gestión de calidad.

Lo que ocurre es que a una empresa le sobra tiempo y movimientos innecesarios; a otra, personal, y otra compañía tiene excesivas piezas defectuosas. Por eso, cada empresa tiene un concepto distinto de lo que para ella representa un desperdicio.

Por ejemplo, veamos los 7 tipos de desperdicio, según Toyota:

1. Desperdicio durante el proceso de producción.
2. Desperdicio por pérdidas de tiempo.
3. Desperdicio por fabricación de piezas defectuosas.

4. Desperdicio por movimientos innecesarios.
5. Desperdicio por exceso de producción.
6. Desperdicio por exceso de existencias.
7. Desperdicio por traslados evitables.

Estos siete desperdicios de esta gran empresa japonesa cuestan dinero, hasta tal punto que Philip Crosby, Linch y Cross y otros más han dicho que la calidad es gratuita, que la culpa de que haya en ella costes innecesarios la tiene el desperdicio. Veamos ahora lo que significa el desperdicio para otra gran empresa japonesa:

Los 9 tipos de desperdicio, según Canon:

1. Artículos almacenados no necesarios de inmediato.
2. Productos defectuosos.
3. Máquinas paradas o averiadas.
4. Exceso de gastos.
5. Exceso de personal.
6. Productos con más funciones de las necesarias.
7. Trabajadores muy cualificados para tareas sencillas.
8. No cumplir la norma de operaciones.
9. Pérdidas de tiempo.

Por eso, cada empresa debe pensar lo que a ella le sobra y es para ella un desperdicio, el cual debe eliminar. Hay organizaciones que tienen demasiados accidentes laborales, otras que repiten trabajos debido al gran número de errores que cometen, otras que tienen demasiado absentismo, etc.

Está claro que, si queremos ser una compañía productiva, deberemos eliminar lo que no nos agrega valor, lo que nos sobra, "nuestros desperdicios", y para ello deberemos medirlos y controlarlos. Por ejemplo:

— Coste de los materiales rechazados.
— Número de trabajos repetidos.
— Número de accidentes al trimestre.
— Duración de un proceso.
— Etc.

7

La cadena de valor

La cadena de valor de Michael Porter

Michael Porter es profesor de la Escuela de Negocios de Harvard y es actualmente, y desde hace años, la mayor autoridad mundial en estrategia y competencia. Publicó en 1980 "Estrategia competitiva" y en 1985 "Ventaja competitiva", que se convirtieron rápidamente en grandes éxitos de librería en todo el mundo. Ha estado en España en noviembre de 1999, donde publicó su último libro, "Ser competitivo", que es una recopilación de artículos, unos antiguos y otros nuevos, escritos por Porter, que representan un excelente complemento de su obra.

La cadena de valor

Este concepto, explicado por Michael Porter en su libro "Ventaja competitiva" (1985), nos dice que hay una serie de actividades que se desempeñan en la empresa y que agregan valor para el cliente. Todas las actividades que son importantes para el éxito de la compañía constituyen lo que se denomina "cadena de valor". Estas actividades de valor son actividades distintas y están relacionadas por "eslabones" dentro de la "cadena de valor".

La identificación de los eslabones es importante y es un proceso de búsqueda de maneras en las que cada actividad de valor afecta o es afectada por otras.

Entre los beneficios de la cadena de valor está que se determinan más fácilmente las mediciones representativas que son importantes para la marcha de la empresa, porque, si tenemos que medir y controlar los aspectos más significativos del éxito de la empresa, ya tenemos éstos en la "cadena de valor", ¿no?

Por eso, es el tercer proceso que tenemos que cumplir con la cadena de valor, porque primero habrá que comprender en qué forma, los procesos operativos de la compañía añaden valor para cada cliente. Después, habrá que definir cuales procesos deben optimizarse para que tenga éxito la compañía y, por último, una vez identificada la cadena de valor, hay que desarrollar las medidas en todas las actividades representativas de la empresa y a todos sus niveles.

Un ejemplo de cadena de valor nos lo dan Kaplan y Norton en su libro "Cuadro de Mando Integral", diciendo que un modelo genérico abarcaría tres procesos principales:

— Innovación.
— Operaciones.
— Servicio postventa.

...de la siguiente manera: (Figura 5).

En su libro "CFO-El Director Financiero", (Clemades S. L. 1997), una de las primeras consultoras del mundo, Price Waterhouse, pone un ejemplo muy bueno de cadena de valor y posibles mediciones para una compañía de servicios profesionales; y dicen también que *"una vez identificada la cadena de valor, el siguiente paso consiste en desarrollar una cascada de medidas por toda la organización"*, lo cual es lógico, pues, si tenemos que medir aquellos aspectos importantes y significativos del éxito de cualquier empresa, éstos ya los tenemos en la correspondiente cadena de valor. Por tanto, ésta nos facilita el establecimiento de las mediciones, al tener ya identificados los aspectos significativos (Figura 6).

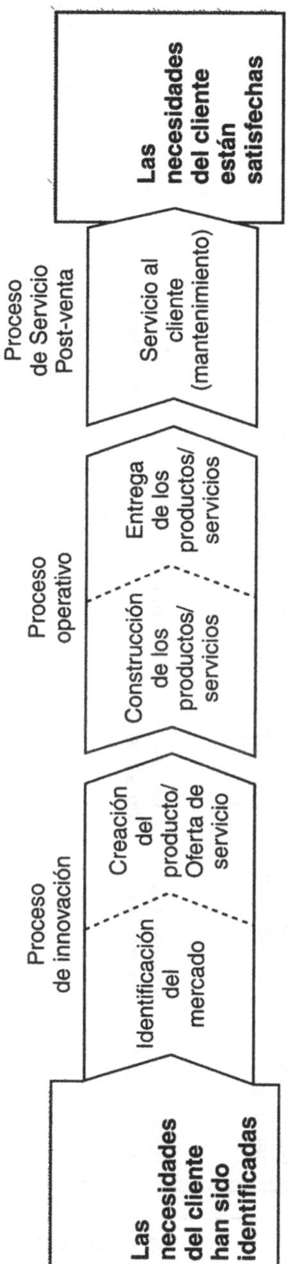

Figura 5. Ejemplo de cadena de valor (Kaplan y Norton).

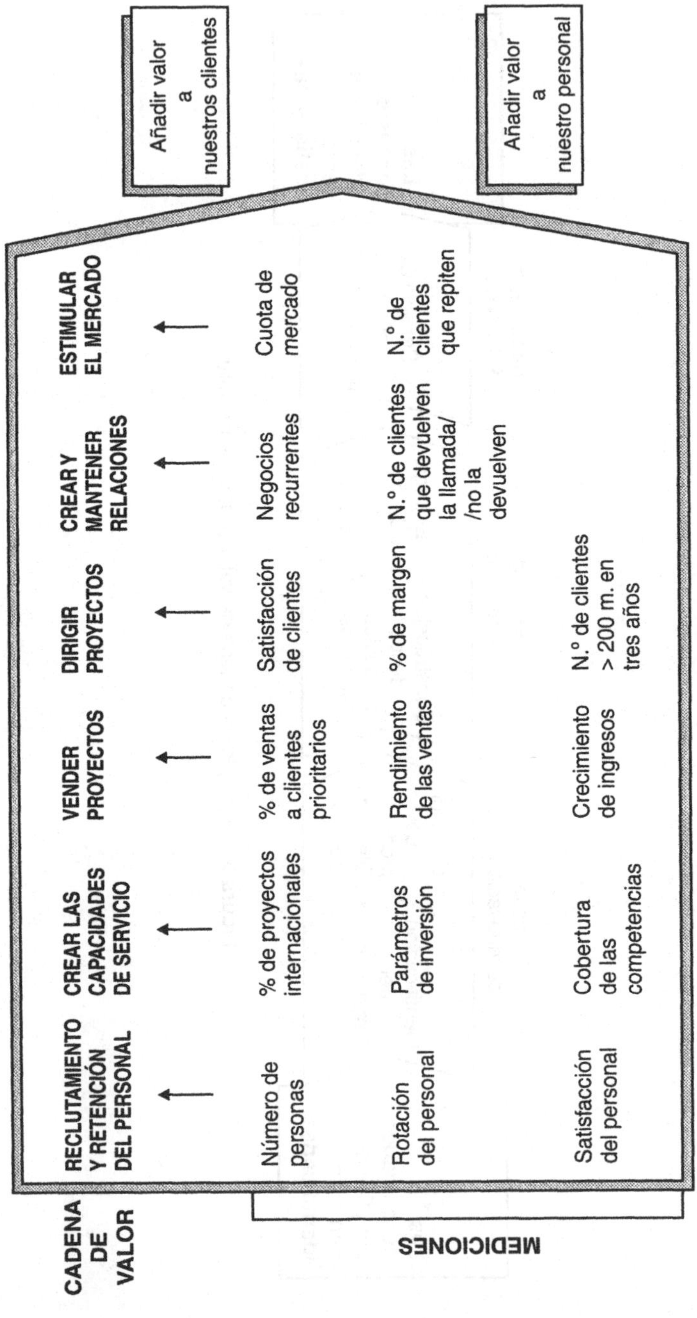

Figura 6. Ejemplo de cadena de valor.

El cambio óptimo de Price Waterhouse

Puede ser de interés que me refiera a un libro de 1995, titulado *"Better Change. Best Practices for Transforming your Organization"*, y cuyos autores son "The Price Waterhouse Change Integration Team", que es un equipo de expertos de todos los países, dirigido por los socios de Price Waterhouse Dauphinais y Pedersen, y concentrado en importantes empresas mundiales.

Nos dicen en este libro que, en muchas ocasiones, bien chocan los criterios de evaluación con las estrategias existentes o bien no las apoyan nada. Si nos fijamos, es lo contrario que nos decían KAPLAN y Norton cuando insistían en que las medidas de evaluación deben partir o ir muy vinculadas a la estrategia. Sin embargo, existe cierto rechazo o dificultad para vincular y engranar las medidas a la estrategia en gran número de empresas. Quizá sea porque les cuesta definir la estrategia que van a seguir. Pero hay que intentarlo. Le pueden añadir la cadena de valor, si les resulta más fácil.

Veamos un caso en una empresa cliente de Price Waterhouse (Figura 7).

El equilibrio —que para ellos es fundamental— entre todo el paquete de medidas es lo único que ayuda a encontrar la eficacia en las mediciones y ha de ser reflejo de todo tipo de criterios de evaluación: financieros y no financieros, referidos a procesos y a resultados globales, internos y externos, etc.

Los parámetros o mediciones internas pueden ser la cifra de ingresos, la utilización de activos, el margen de beneficio, etc., y los parámetros externos son, por ejemplo, los costes comparados con la competencia, las innovaciones para los clientes, el número de quejas, los precios de algunos artículos, etc.

Han seleccionado una serie de principios para definir las medidas que son éstos:

Principio 1.—*Revaluar las medidas existentes*

Esto lo deberían hacer todas las empresas que se encuentren en mercados competitivos o que deseen crecer sensiblemente.

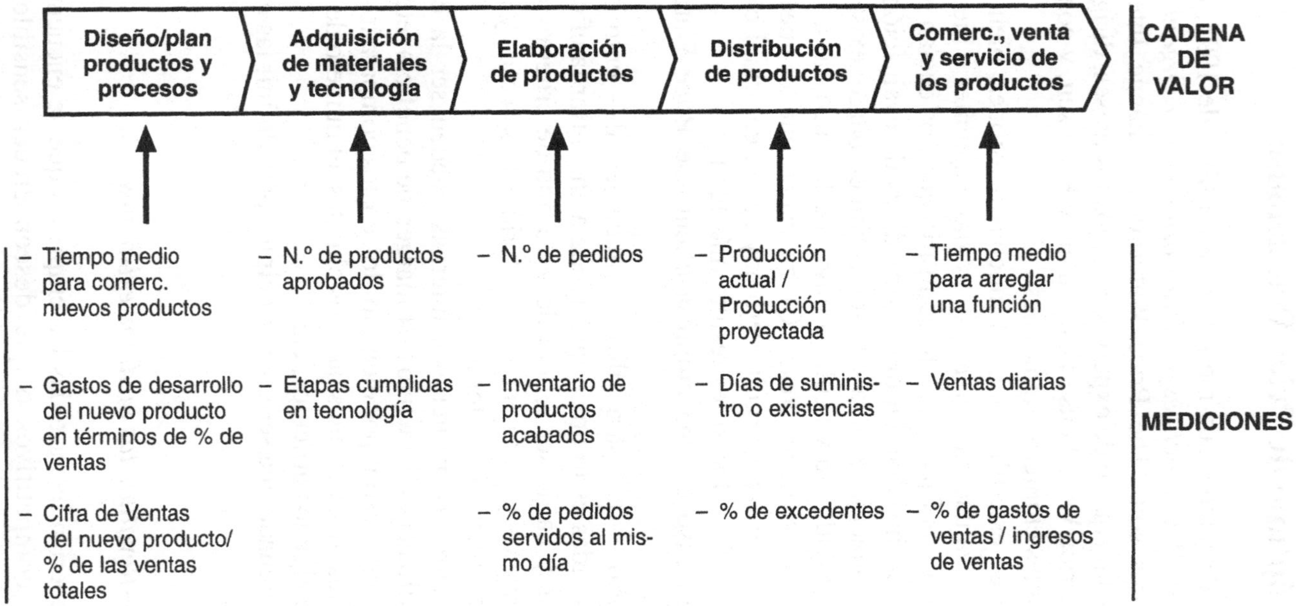

Figura 7. Ejemplo de cadena de valor y mediciones.

Aunque, si tenemos en cuenta que lo conocido prima sobre lo desconocido, aunque lo primero no funcione. Quizás deberían preguntarse: "¿Está el nombre de alguien vinculado a las medidas obsoletas? Quizá no deberíamos molestarle".
"¿Qué pasaría si la Dirección pide información basándose en el antiguo sistema? Las viejas y obsoletas estadísticas seguirán aplicándose junto con las nuevas, si "de arriba" las solicitan".
Si hay recompensas unidas al viejo sistema y siguen vigentes, cabe suponer que tiene sentido actuar a la antigua. Los viejos sistemas se resisten a morir. Esencialmente, si tienen interés en ellos los directivos o si han contribuido a su triunfo personal. Ocurre que en algunas empresas se conservan las medidas obsoletas por simple educación o para que nadie se moleste. Hay ocasiones en que se conservan porque todos suponen que deben ser importantes para alguien... En cualquier caso, eliminar las medidas anticuadas no suele ser fácil.

Principio 2.—*Evalúe los procesos empresariales importantes, no sólo los resultados globales.*

Si establece usted las medidas equilibradas y las interpreta correctamente, los resultados de la empresa mejorarán también.

Principio 3.—*Las medidas deben ser estimulantes para un equipo que se propone alcanzar determinados objetivos.*

Hay que trabajar en equipo actualmente. Está claro que un equipo de trabajo orientado hacia la consecución de determinados objetivos siempre será más eficaz que un individuo o una suma de ellos trabajando en el mismo sentido. Por ejemplo, ahora es muy importante el tiempo respuesta. Pues, para disminuir éste, es necesario que todas las personas involucradas trabajen —cada una en su función— disminuyendo el tiempo en que hacen su trabajo y en equipo.
También, las medidas deben resultar estimulantes para todos.

Principio 4.—*Las medidas deben constituir un paquete integrado y equilibrado.*

Hay que seleccionar muy bien el paquete de medidas porque lo que importa es el "paquete" de ellas, el cual debe estar bien balanceado y equilibrado; y lo bueno es que todas se relacionen entre sí. Esto puede representarse en la famosa "tarjeta" de Kaplan y Norton.

Principio 5.—*Las medidas deben orientarse hacia el cliente externo.*

Ya hemos dicho que lo más importante para cualquier empresa son sus clientes, sus consumidores. El directivo debe pensar siempre en ellos cuando establezca sus medidas.

Cuadro de mando integral (CMI) - Modelo europeo para la excelencia (EFQM)

El modelo europeo para la excelencia empresarial de la EFQM *(European Foundation for Quality Management),* que está representado en la Figura 8, dice que la satisfacción del cliente, la satisfacción de los empleados y el impacto en la sociedad se consiguen por medio del liderazgo, que conduce una política y estrategia y que gestiona los resultados de unas personas, unos recursos y unos procesos, llevando finalmente a la excelencia en los resultados de la empresa. Las personas y los procesos son los agentes que conducen a los *resultados*.

El modelo de la excelencia de la EFQM es el siguiente (Figura 8):

Si nos fijamos, las cuatro perspectivas del CMI (finanzas, clientes, procesos y empleados), son los criterios centrales del Modelo Europeo de Excelencia (enmarcados en una línea ovalada) y además son, prácticamente, los criterios más importantes del modelo, según la puntuación de cada criterio (90, 140, 200 y 150). Los resultados

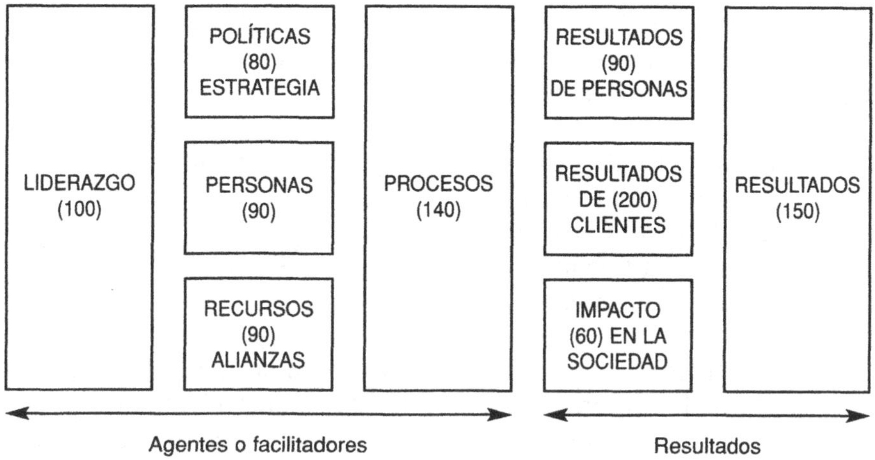

Figura 8. Modelo de excelencia de la EFQM.

finales de la organización se obtienen de la satisfacción de los clientes, unos resultados de la gestión del personal positivos y un satisfactorio impacto en la sociedad. Estos se consiguen a través de un eficaz liderazgo de toda la gente enfocado hacia la visión de la compañía, la definición de unas políticas y estrategias, la gestión de los recursos humanos, una eficiente administración de los recursos y unas alianzas que apoyen la política y estrategia formuladas. Los procesos deben diseñarse pensando en el cliente externo o consumidor.

Éstos son los aspectos que deben medirse si se quiere conocer bien la marcha de la empresa y ésta se dirige hacia la excelencia.

Vamos a hablar ahora de los agentes o facilitadores y de los resultados. Vemos que éstos últimos suman 500 puntos, es decir, el 50%, la mitad de la importancia de la suma de todos los criterios. Esto se debe a que los señores de la *European Foundation for Quality Management* (EFQM) que hicieron el Modelo Europeo pensaron que el premio Malcolm Baldridge estadounidense no prestaba suficiente atención a los resultados, y ellos no quisieron caer en este error. Por eso le adjudicaron 500 puntos, o sea la mitad.

Los agentes o facilitadores se encargan de "qué hacer", mientras que los resultados se ocupan de "qué han conseguido", es decir, de los resultados que han alcanzado aquéllos.

En los Estados Unidos utilizan el acróstico RADAR para significar lo que una empresa debe hacer para alcanzar la excelencia, y sus letras significan lo siguiente:

— Results (resultados)	Resultados
— Approach (enfoque)	Agentes o facilitadores
— Deployment (despliegue)	
— Assesment (evaluación)	
— Review (revisión)	

Es significativo que los resultados estén en primer lugar siempre. Esto habla de la importancia que se les da en el modelo europeo.

Podemos decir que los criterios más representativos de la excelencia empresarial están recogidos en el cuadro de mando integral o, a la inversa, que el CMI mide y controla los aspectos más significativos de la excelencia en las empresas.

La puntuación total es de 1.000 puntos, que es la suma de la puntuación de los agentes o facilitadores (500 puntos) y los resultados (500 puntos). Los criterios de la gestión de las personas (90 puntos), los procesos (140 puntos), los resultados de los clientes (200 puntos) y los resultados finales (150 puntos) suman 580 puntos, o sea, el 58%, que unidos al necesario liderazgo (100 puntos) que lleve a la excelencia, son las perspectivas aconsejadas por Kaplan y Norton: personas, procesos, clientes y finanzas.

Por eso, podemos decir que midiendo y controlando los aspectos aconsejados en el cuadro de mando integral, se consigue más fácilmente la excelencia empresarial; o sea, que las mediciones del CMI, con sus interpretaciones y decisiones posteriores, ayudan a que se alcance la excelencia, según el citado modelo.

8

El capital intelectual (Skandia, Leif Edvinsson)

El capital intelectual

La compañía sueca Skandia (Servicios financieros) en 1995 publicó un informe de "capital intelectual", siendo Leif Edvinsson su autor, en el que medía los recursos intangibles de su empresa. Cada vez es mayor la diferencia entre el valor de mercado y lo que dicen los libros contables. El auténtico valor de la compañía se encuentra sumando el balance de situación a los activos indirectos, pues en éstos (clientes satisfechos, motivación de los directivos y empleados, capacidad de innovación, patentes registradas, etc.) es donde se encuentra, en muchas ocasiones, el verdadero valor de una empresa. Charles Handy calcula que el "capital intelectual" puede llegar a tres o cuatro veces el valor de los activos materiales de una empresa. El Índice Mundial Morgan Stanley dice que el promedio del valor de las empresas en las bolsas de valores mundiales es el doble de su valor en libros. En Estados Unidos, el valor de mercado de una corporación es normalmente de dos a nueve veces su valor en libros. En las adquisiciones desde 1981 a 1993 en este país, los valores reales de las corporaciones adquiridas fueron unas cuatro veces y media superiores a los valores declarados en los balances de situación.

Leif Edvinsson escribió un libro con Michael Malone en 1997 titulado "El capital intelectual", en el que señalaba que:

capital intelectual = capital humano+capital estructural

...siendo el CAPITAL HUMANO las habilidades, conocimientos e innovación de los empleados, sumados a la cultura, los valores y la filosofía de la empresa, y el CAPITAL ESTRUCTURAL todo lo que queda en la oficina cuando los empleados se van a su casa (equipos, base de datos, patentes, marcas, etc.). Es de hacer notar que la empresa nunca es propietaria del CAPITAL HUMANO y, sin embargo, sí suele ser dueña del CAPITAL ESTRUCTURAL.

En realidad, el "capital intelectual" ha existido desde hace muchos años. Si el "goodwill" se refería a activos algo extraños, el "capital intelectual" va más allá y busca activos más intangibles. Siempre se partió de la base de que éste no se podía medir y se manejó con rumores, información reservada, perspectivas, corazonadas, etc. y nunca de forma empírica.

Edwinsson usa una analogía para definir lo que es el "capital intelectual". Si nos imaginamos una empresa como un árbol, lo que se describe en los organigramas, las cifras de ventas, los informes anuales, los presupuestos, los folletos, los beneficios, etc., es el tronco, las ramas y las hojas. Quien intentara analizar el árbol considerando sólo éstos, que saltan a la vista, cometería un grave error, porque habría que ver las raíces, *lo que no salta a la vista* y ésto es, precisamente, el "capital intelectual" en esta metáfora utilizada por Edvinsson.

Ya hemos dicho que Skandia, la mayor empresa escandinava de seguros y servicios financieros, publicó en 1995 el primer informe del mundo sobre "capital intelectual", el cual fue un suplemento al informe financiero. Realmente, Edvinsson no acuñó el término, ya que en 1994, la revista FORTUNE publicó un artículo titulado "El activo más valioso de su empresa: el capital intelectual", pero se puede decir que es el primer especialista del mundo en este área, ya que estuvo desde 1981 estudiándolo, además de ser el primer autor que habla de ello.

Indica que existen algunos factores del éxito:

— Enfoque financiero.
— Enfoque de clientes.
— Enfoque de procesos.
— Enfoque de renovación y desarrollo.

Hasta aquí, puede parecerse al Cuadro de Mando Integral, de Kaplan y Norton, pero Edvinsson le añade un quinto enfoque:

— Enfoque humano.

Vamos a ver los indicadores aconsejados por el autor para hacer un...

Informe de capital intelectual

Enfoque financiero:

— Activos totales (Unidades monetarias).
— Activos totales/empleado (Unidades monetarias).
— Ingresos/Activos totales (Unidades monetarias).
— Beneficios/Activos totales (Unidades monetarias).
— Ingresos provenientes de nuevos negocios (Unidades monetarias).
— Beneficios provenientes de nuevos negocios (Unidades monetarias).
— Ingresos/empleado (Unidades monetarias).
— Tiempo del cliente/atención del empleado (%).
— Beneficios por empleado (Unidades monetarias).

Enfoque del cliente:

— Participación del mercado (%).
— Número de clientes (Número natural).
— Ventas anuales/cliente (Unidades monetarias).
— Clientes perdidos (Número natural).
— Duración media de relación con el cliente (Número natural).
— Tamaño medio de clientes (Unidades monetarias).
— Calificación clientes (%).
— Visitas del cliente a la empresa (Número natural.).
— Días dedicados a visitar a los clientes (Número natural).
— Clientes/empleados (Número natural).

Enfoque de proceso:

— Gasto administrativo/ingresos totales (%).
— Coste por error administrativo/ingresos administrativos (%).
— Tiempo de procesamiento (Número natural).
— Contratos registrados sin errores (Número natural).
— Puntos de función/empleado-mes (Número natural).
— Ordenadores personales y portátiles/empleado (Número natural).

— Capacidad de la red/empleado (Número natural).
— Gasto administrativo/empleado (Unidad monetaria).
— Gasto en TI/empleado (Unidad monetaria).

Enfoque de renovación y desarrollo:

— Índice de empleados satisfechos (Número natural).
— Inversión en relaciones/cliente (Unidad monetaria).
— Participación en horas de formación (%).
— Participación en horas de desarrollo (%).
— Participación en oportunidades (%).
— Gasto en I+D/Gasto administrativo (%).
— Gasto en formación/empleado (Unidad monetaria).
— Gasto en formación/Gasto administrativo (%).
— Gasto de desarrollo de negocios/Gasto administrativo (%).
— Proporción de empleados menores de 40 años (%).
— Recursos de I+D/Recursos totales (%).
— Promedio de edad de clientes (Número natural), educación (Número natural); ingresos (Número natural).
— Promedio de duración del cliente con la empresa, meses (Número natural).

Enfoque humano:

— Número de empleados (Número natural).
— Rotación de empleados (%).
— Promedio de años de servicio en la empresa (Número natural).
— Número de directivos (Número natural).
— Número de mújeres directivas (Número natural).
— Promedio de edad de los empleados (Número natural).
— Tiempo de formación (días/año) (Número natural).
— Número de empleados de tiempo completo/empleados permanentes (Número natural).
— Coste anual "per cápita" de programas de capacitación y apoyo para empleados temporales de tiempo completo (Número natural).

Aquí tenemos algunos indicadores o posibles aspectos que medir popuestos por Edvinsson para hacer un informe de "Capital Intelectual".

Son demasiados, pero pueden valer como reflexión hasta llegar a una lista definitiva.

Aquí van otras posibles mediciones de reserva que nos da Edvinsson, también, desglosadas por enfoque.

Enfoque financiero:

— Valor de mercado/empleado (Unidades monetarias).
— Gasto en TI/Gasto de administración (%).

Enfoque al cliente:

— Proporción de clientes que repiten (%).
— Puntos de venta (Número natural).

Enfoque de proceso:

— Gasto de administración/Activos utilizados (Número natural).
— Rendimiento total comparado con la media (%).
— Empleados que trabajan en su casa/total de empleados (%).
— Inversión en TI de menos de 2 años/aumento de beneficios (%).

Enfoque de renovación y desarrollo:

— Gasto en marketing/línea de productos (Unidades monetarias).
— Participación en horas de "Método y Tecnología" (%).
— Promedio de compras de cliente/año (Unidades monetarias).
— Inversión en programas de inteligencia competitiva (Unidades monetarias).
— Inversión en desarrollo de socios estratégicos (Unidades monetarias).
— Productos de la empresa (o componentes) diseñados por socios (%).
— Porcentaje de capacitación, servicio y apoyo a clientes prestado por socios (%).

— Programas comunes de capacitación, de empresa y socios (Unidades monetarias).
— Nuevos productos actualmente en desarrollo (Unidades monetarias).
— Número de patentes de la empresa (Unidades monetarias y %).

Enfoque humano:

— Directivos destinados a empleados permanentes de tiempo completo (Unidades monetarias).
  — Destinados a empleados de tiempo completo que pasan menos del 50% de sus horas de trabajo en edificios de la empresa (Número natural).
  — Destinados a empleados de tiempo completo (Número natural).
  — Destinados a empleados de tiempo parcial (Número natural).
  — Porcentaje de directivos de nacionalidades distintas de la sede de la empresa (%).

Resumen

Como bien señala Edvinsson en su libro "Intellectual Capital", esto es solamente un modelo, el cual puede servir de base para que, en cada caso, se forme la lista definitiva de indicadores.

Se podría poner:

$$\text{Capital Intelectual organizacional} = iC$$

...donde C es el valor del Capital Intelectual en unidades monetarias e i es el "coeficiente de eficiencia" con la que la organización está utilizando ese capital.

El reto es utilizar el C con un alto nivel de eficiencia.

9

Índice de productividad-calidad

Índice de productividad-calidad

Ahora, la cuestión que se plantea es saber si es posible medir el rendimiento de un área, una empresa o un equipo de trabajo a partir de unos indicadores o de unas mediciones. Pues sí. Sí es posible medir el rendimiento de un área o de una compañía en base a los resultados que nos dan unas áreas que hemos medido. Solamente es indispensable que los indicadores sean fiel reflejo de lo que nosotros entendemos por éxito en una empresa o en el área de que se trate. Lo que medimos es el desempeño, que puede ser de una empresa, en general, o de un área o departamento o persona, en particular.

Otra cuestión es la de qué método utilizamos. Hay una forma que consiste en reflejar los resultados actuales y poner más abajo los resultados deseados y el % que significan éstos sobre aquéllos y medir el % conseguido. Este es el método más sencillo y, por tanto, más utilizado pero no soluciona el problema de conocer el desempeño de una empresa o de un conjunto de áreas o de un equipo de trabajo —tan de moda ahora— con un solo dato. ¿Existe alguna forma fiable de conocer el rendimiento global con una sola cifra? Por ejemplo, si en una compañía hemos definido al final seis mediciones que nos representan los aspectos o la mejora deseada ¿podemos medir ésta globalmente con un solo dato?

El doctor James Riggs y Glen H. Félix de la Universidad del Estado de Oregón desarrollaron el asunto y sus resultados los aplicó Northern Telecom y más tarde el grupo Dow y después otras empresas y lo denominaron de distintas maneras (por ejemplo, Northern Telecom lo llamó "Dirección a través de los índices de productividad", Dow Chemical Ibérica, "Índices de rendimiento", y otra empresa líder "Administración por índices de rendimiento-calidad").

En resumen, el nombre que se le ponga es lo de menos. Lo que importa es su concepto. Debemos tener en cuenta que la productividad no tiene nada que ver con esta herramienta administrativa, pues ésta no nos dice nada de los recursos que hemos utilizado para alcanzar los resultados obtenidos.

Los que sí se utilizan son los siguientes:

— Indicadores de medida.
— Factores porcentuales de importancia.
— Sistema común de puntuación.
— Rendimiento del grupo, en lugar del individual.

Este instrumento es muy sencillo de utilizar. Se usa de la siguiente forma:

Paso 1: ***Selección de indicadores*** *("¿Qué vamos a medir"?)*

En este primer paso se definen los indicadores que vamos a controlar.

En el ejemplo de la Figura 9, se han puesto las cinco mediciones que American Airlines medía y utilizaba en una fase de su triunfal carrera como línea aérea. Fijémonos que casi todos los indicadores se refieren a la satisfacción de sus clientes. Seguramente, American Airlines hizo encuestas entre éstos para averiguar qué es lo que más les satisfacía y hacia estos aspectos enfocó sus mediciones.

Paso 2: ***Determinaciones de importancia*** *("¿Cuál es el más importante"?)*

En este segundo paso, se asigna una importancia relativa y porcentual a cada indicador. Es obvio que no todas las mediciones son igual de importantes.

Persona: ______________________________

Departamento: ______________________________ Fecha: ______________

	Tiempo medio en contestar al teléfono	% de sus vuelos que salen con retraso	% de sus vuelos que llegan retrasados	% de personas que reciben sus billetes en menos de 5 minutos	Tiempo que los pasajeros tardan en recibir su billete		
	10"	17%	28%	75%	11'		
Objetivos →	8"	10%	10%	90%	8'	10	
	9"	11%	12%	87%	9'	9	
	(10")	13%	14%	84%	10'	8	
Subobjetivos	11"	15%	16%	81%	(11')	7	
	12"	16%	18%	78%	12'	6	
	13"	(17%)	20%	(75%)	14'	5	Puntuación (Resultados)
	14"	18%	22%	72%	16'	4	
ACTUAL →	16"	20%	24%	70%	18'	3	Datos reales (3 meses)
	17"	22%	26%	67%	20'	2	
No queremos ir	19"	24%	(28%)	64%	22'	1	
	>19"	>24%	>28%	<64%	>22'	0	

8	5	1	5	7	Puntuación
10	30	30	15	15	Importancia (100)
80	150	30	75	105	Valor = 440

Ene.	Feb.	Mar.	Abr.	May.	Jun.	Jul.	Ago.	Sep.	Oct.	Nov.	Dic.
440											

Figura 9. Índice de rendimiento-calidad.

Fuente: Dow Chemical (modificada)

En el ejemplo de la Figura 9, las importancias porcentuales (10, 30, 30 15 y 15) son ejemplos, igual que todos los demás datos numéricos.

Paso 3: Datos reales y actuales *("¿Dónde estamos"?)*

En las casillas correspondientes a la puntuación de 3 en la Figura 9, reflejamos los rendimientos actuales. Se aconseja —ante la duda— acudir al promedio de los tres últimos meses.
El motivo de poner los datos reales en la puntuación 3, es que sicológicamente y como tenemos que mejorar, es mejor que haya más espacio que —lo que no queremos— cuando empeoramos (puntuación 2, 1 y 0).

Paso 4: *Establecimiento de objetivos* *("¿Hacia dónde vamos"?)*

En los tres pasos anteriores, todavía no hemos decidido a donde queremos llegar. Ahora es el momento de hacerlo en los cinco aspectos que, no olvidemos, reflejan la satisfacción del cliente. Los ponemos en la Figura 9 en su lugar correspondiente.

Paso 5: Fijación de subojetivos *("Pasos para llegar hasta allí")*

Un defecto del establecimiento de objetivos laborales es que no se evalúan cuando no se alcanzan. Este defecto queda suprimido con este método, pues hay unos espacios (del 4 al 9, en la puntuación) en donde deben ponerse unos niveles intermedios (Subobjetivos) para evaluarlos cuando no se alcancen aquellos, es decir, cuando el resultado deseado no se haya alcanzado en algún indicador.

Paso 6: *Establecimiento de niveles indeseados* *("¿Dónde no queremos ir"?)*

Habrá algunos casos en que se empeore. Son las puntuaciones 2, 1 y 0. Las ponemos también.

Paso 7: *Trabajo y resultados*

Hasta ahora en los seis pasos anteriores no hemos comenzado a trabajar. Todo ha sido lo que se llama planificación. Supongamos que empezamos a hacerlo y obtenemos los resultados siguientes:

— Tardan 10 segundos en contestar al teléfono (Puntuación –8).
— El 17% de los vuelos salen con retraso (Puntuación –5).
— El 28% de los vuelos llegan retrasados (Hemos empeorado. Puntuación –1).
— El 75% de las personas reciben sus billetes en menos de 5 minutos (Puntuación –5).
— El promedio de los pasajeros tarda 11 segundos en recoger su equipaje (Puntuación – 7).

Ponemos las Puntuaciones correspondientes en su lugar (encima de Importancia (100)), lo multiplicamos por la Importancia porcentual y lo ponemos abajo, en la fila Valor. Luego se suman todos los valores y la cantidad total se pone a la derecha de Valor. En este caso de la Figura 9, es 440.

Si hubiera sido el resultado del mes de enero, se pondría en la casilla correspondiente 440.

Algunos comentarios:

A) El paso más importante es —con diferencia— el primero. Ya hemos dicho que el seleccionar los indicadores es decisivo. Tanto es así, que si las mediciones no son las correctas o si no reflejan bien la mejora deseada, no funcionará esta herramienta ni ninguna otra.
B) También es muy importante el asignar cada importancia relativa y porcentual a cada indicador, teniendo en cuenta que unos son más importantes que otros.
C) La máxima puntuación es 10.
D) El mínimo es 0 (la peor).
E) Se parte de 300 (3 por 100 igual a 300) y lo máximo que se puede obtener es 1.000 (una puntuación de 10 en todo multiplicada por 100 da 1.000).
F) Se puede juzgar una empresa, un área, una persona, un equipo de trabajo, etc. Para evaluar una compañía, se aconseja utilizar varios índices, uno por cada área o departamento.
G) Se ve con una simple ojeada en qué área se ha mejorado, empeorado, etc. y "cuanto", pudiendo tomar medidas ante cualquier situación.

H) Se recomienda que una parte del salario o compensación vaya asignada según los resultados obtenidos.
I) Esta herramienta favorece el espíritu de equipo, según la habilidad que tenga su superior.
J) Es importante considerar los tiempos, pues cada indicador tiene el suyo propio mejor… Se debe buscar, de ser posible, la homogeneidad.

Resumen

Después de observar algunas de las principales teorías al respecto de cómo controlar y dirigir la marcha de una empresa, surgen algunos interrogantes, como son:

¿Cuál será la más eficaz y más selectiva? ¿La pirámide de resultados que proponen Linch y Cross o las ideas de Harrington? ¿El "Cuadro de mando integral" de Kaplan y Norton (sin duda, es el más utilizado) o la "Cadena de valor", de Michael Porter? ¿Cómo concuerda el modelo europeo de excelencia sugerido por la E.F.Q.M. con todas ellas?

Pues, lo que piensa el autor de esta líneas, al respecto, es lo siguiente:

1.º Es necesario conocer y definir cual es la "Cadena de valor" de nuestra empresa. Cuales son las actividades que agregan valor a nuestros clientes y que, por tanto, son importantes para el éxito de la compañía. Aunque sólo sea por el conocimiento que nos proporciona el reflexionar sobre nuestra empresa y nuestra clientela, dicha definición es positiva.
2.º Cuando conozcamos cuales actividades son decisivas para obtener los resultados que nosotros queremos, es decir, cuando tengamos definida la "cadena de valor" de nuestra organización, debemos medir y controlar todas estas actividades. De esta forma, estaremos midiendo todas las acciones que añaden "valor" para nuestros clientes.
3.º Una vez con esta mediciones que nos indican lo que es importante para nosotros, debemos comprobar si coinciden

con las cuatro perspectivas aconsejadas por Kaplan y Norton. Seguramente, así será. Si existen otras medidas además, las debemos incorporar.

4.º También debemos comprobar si está debidamente equilibrado el paquete de indicadores. ¿Se ha medido el tiempo y los recursos utilizados?

5.º Si actuamos de esta manera, ya veremos como todos los criterios propuestos por la E.F.Q.M. (Figura 8) para el modelo europeo de excelencia (los más importantes) están bien cubiertos con nuestros indicadores.

Bibliografía

Amat O.: *EVA. Valor añadido económico.* Barcelona. Gestión 2000, 1999.

Boyet J., Boyet J.: *Lo mejor de los gurús.* Barcelona. Gestión 2000, 1999.

Brain D.: *Productividad.* México. Mc Graw Hill, 1987.

Conkey D. M.: *Administración por objetivos y resultados.* Diana. México, 1981.

Crainer S.: *Ideas fundamentales de la Administración.* México D.F. Panorama, 1997.

Drucker P.: *La gerencia de empresas.* Buenos Aires. Ed. Sudamericana, 1976.

Edvinsson L., Malone M.: *El capital intelectual.* Barcelona. Gestión 2000, 1999.

Equipo Price Waterhouse de Financial & Cost Management: *CFO. El director financiero.* Madrid. Clemades, 1997.

Harrington J.: *Administración total del mejoramiento continuo.* Santa Fe de Bogotá. McGraw Hill, 1997.

Harrington J.: *Cómo mejorar los procesos de la empresa.* Bogotá, Colombia. McGraw Hill, 1997.

Harrington J.: *Cómo implementar la calidad-productividad en su empresa.* Madrid, 1998. McGraw Hill.

Harward Business Review: *Cómo medir el rendimiento de una empresa.* Bilbao. Deusto, 1999.

Kaplan y Norton: *Cuadro de mando integral.* Barcelona, HBS. Press (Limusa) 1997.

Linch y Cross: *La mejora contínua.* Bilbao. Deusto, 1993.

López Viñegla, A.: *El cuadro de mando y los sistemas de información.* Madrid. Aeca, 1998.

Membrado Martínez J.: *La gestión empresarial a través del modelo europeo de excelencia de la EFQM.* Madrid. Díaz de Santos, 1999.

Morrisey G.: *Administración por objetivos y resultados.* Colombia. Fondo Educativo Interamericano, 1976.

Olve-Roy-Wetter: *Implantando y gestionando el Cuadro de Mando Integral.* Barcelona. Gestión 2000, 2000.

Porter M.: *Ser competitivo.* Bilbao. Deusto, 1999.

Porter M.: *Ventaja competitiva.* México D.F. Cecsa, 1990.

Raía P.: *Administración por resultados.* México D.F. Trillas, 1985.

Ratto, L.: *El análisis ABC en la empresa.* Bilbao. Deusto,1990.

Reddin B.: *Gerencia por resultados.* Bogotá, Colombia. Legis, 1991.

Reddin y Ryan: *Manual de dirección por objetivos.* Bilbao. Deusto, 1993.

Roure J., Rodríguez, M. A.: *Aprendiendo de los mayores.* Gestión 2000. Barcelona, 1999.

Salgueiro A.: *Planificación: El arte de establecer objetivos.* Madrid. Aenor, 1998.Schonberger: *Cómo crear la cadena cliente-proveedor.* Bogotá, Colombia. Norma. 1993.

Salgueiro A.: *Ideas para administrar su tiempo.* Gráficas Luz. Quito, 1997.

Salgueiro A.: *Cómo mejorar los procesos y la productividad.* Madrid. Aenor, 1999.

Stalk H.: *Compitiendo contra el tiempo.* México D.F. Limusa, 1994.

Stein G.: *El arte de gobernar según Peter Drucker.* Barcelona. Gestión 2000, 1999.

The Price Waterhouse Change Integration Team: *El cambio óptimo.* Madrid. Irwin, 1995.

The Price Waterhouse Change Integration Team: *Las paradojas de la dirección.* Madrid. Irwin, 1996.

Westwick C.A.: *Manual para la aplicación de ratios de gestión.* Bilbao. Deusto, 1987.